LES GRANDS HOMMES
DE L'ORIENT

LES GRANDS HOMMES

DE

L'ORIENT

PAR

A. DE LAMARTINE

Membre de l'Académie française

MAHOMET — TAMERLAN

LE SULTAN ZIZIM

PARIS

LIBRAIRIE INTERNATIONALE

A. LACROIX, VERBOECKHOVEN ET Cie, ÉDITEURS

Boulevard Montmartre, 15, au coin de la rue Vivienne

MÊME MAISON A BRUXELLES, A LEIPZIG ET A LIVOURNE

1865

Droits de traduction et de reproduction réservés

МАHOMET

MAHOMET

1ᵉʳ SEPTEMBRE 570. — 8 JUIN 632.

I.

Les Arabes n'étaient point un peuple, c'était une collection de peuplades, de tribus, de familles, de hordes plus ou moins nombreuses, les unes sédentaires, le plus grand nombre constamment nomades, couvrant de quelques bourgades et d'une nuée de tentes et de troupeaux cette côte de la mer Rouge comprise entre l'Égypte et l'Océan indien. Des tribus principales, plus nombreuses, plus riches en sol ou en troupeaux, plus renommées pour la guerre, groupaient, protégeaient, dominaient de temps en temps quelques tribus inférieures et fomentaient de grandes dissensions qui ravageaient l'Arabie. Ces supériorités accidentelles n'avaient rien de stable ni de légal; acquises dans un combat, elles se perdaient dans un autre. La constitution de l'Arabie était la guerre civile permanente entre tous les membres de cette république fédérale de tribus. Aucun sacerdoce, aucune dictature, aucune autorité monarchique, nationale, aucun conseil fixe et souverain n'imposait ses lois à cet arbitraire anarchique des différents membres de la Confédération, république sans représentation et sans centre commun, composée d'une foule de petites monarchies héréditaires des chefs de tribus dont la généalogie faisait le titre au gouvernement. L'État n'existait pas. La famille multipliée par la tribu existait seule.

Le pouvoir qui manquait au centre se retrouvait fortement constitué dans la famille. Mais, quoique absolu en principe, ce pouvoir du chef de tribu participait, dans l'application, de la douceur et du libre consentement au pouvoir domestique, dans le gouvernement paternel. Les frères, les fils, les parents du chef, les vieillards, les sages, les riches, les guerriers renommés par leurs exploits, les poëtes illustrés par leurs chants, tenaient un conseil perpétuel devant la tente ou dans la maison du roi de la tribu, où tout se délibérait et se décidait en plein peuple. Il n'y avait ni livre, ni charte, ni lois écrites.

Mais les traditions sacrées et les mœurs inviolables exerçaient un empire d'autant plus absolu qu'il était écrit dans la mémoire et dans le respect de tous. Toute violation en était sacrilége. Chaque tribu avait pour nom le nom de son premier ancêtre.

II.

Leur religion était aussi libre que leur politique. Les uns adoraient les anges ou esprits célestes, intermédiaires qu'ils supposaient être des femmes et qu'ils appelaient les filles de Dieu; les autres, la lune et les étoiles; ceux-là croyaient que l'homme commençait à sa naissance et finissait à son dernier soupir; ceux-ci pensaient que la vie humaine n'était qu'une des périodes infinies de l'existence renouvelée ailleurs sous d'autres formes. Quand l'Arabe était mort, ils attachaient sa plus belle chamelle à un piquet, à côté de sa tombe, et la laissaient expirer de faim sur le corps de son maître, pour qu'il retrouvât sa monture habituelle dans le monde où la mort l'avait introduit. Une espèce de chouette du désert, qui voltige autour des sépulcres en poussant des cris plaintifs, était censée l'âme du mort demandant à boire aux survivants. Ils représentaient en pierre et en bois les images des êtres supérieurs et rendaient un culte à ces divinités sourdes. Leur religion primitive était mêlée des superstitions juives, romaines, grecques, persanes, selon ceux de ces peuples avec lesquels ils avaient le plus de rapprochements. L'usage de la circoncision, emprunté des Hébreux, existait chez toutes les tribus. On consultait l'oracle en écrivant un mot sur le bois de trois flèches sans pointe et en tirant à tâtons, d'un sac où elles avaient été mêlées, l'une de ces flèches. Le mot qu'elle portait inscrit sur sa hampe était réputé l'arrêt du destin. Ils pratiquaient l'esclavage. Chacun pouvait avoir autant d'épouses que ses facultés lui permettaient d'en entretenir. L'héritier recevait les veuves, comme les troupeaux, dans le patrimoine du défunt. L'inceste entre le beau-fils et la belle-mère était ainsi non-seulement licite, mais obligatoire. Chaque chef de tente avait le droit absolu de vie et de mort sur sa famille et sur ses esclaves. Un usage barbare autorisait le père et la mère à enterrer vivantes leurs filles au moment de leur naissance, afin de prévenir ou le sort funeste que la société réservait aux femmes, ou les outrages et les déshonneurs qu'une fille attirerait peut-être un jour sur leur nom. Leur unique occupation était le soin des troupeaux et la guerre. La guerre était pour ainsi dire individuelle parmi eux. Une violence amenait un meurtre, le meurtre voulait être racheté ou par une compensation en têtes de chameaux qui satisfît l'offensé, ou par un autre meurtre. Le sang pour le sang était toute la justice. La vengeance était ainsi un devoir sacré. Une femme enlevée, un esclave, un coursier, un chameau dérobé, une satisfaction de sang refusée par une tribu à une autre, entraînaient des guerres de dix et de cinquante ans entre les Arabes.

Cette législation, féroce sous tant d'aspects, ne manquait cependant ni d'humanité, ni de vertu, ni de sagesse, ni même de raffinement sous d'autres rapports. Les Arabes poussaient jusqu'à la superstition le respect de l'hospitalité. Leur ennemi le plus irréconciliable trouvait asile, sûreté et même protection dès qu'il parvenait à toucher la corde de leur tente ou le bas de la robe de leur femme. Ils étaient braves, généreux, héroïques. Toutes les vertus et même toutes les délicatesses de la chevalerie que l'Europe n'a connues que plus tard, étaient immémorialement passées dans leurs mœurs. Sensibles à l'éloquence, à la poésie, à la musique, ils honoraient comme des demi-dieux les hommes doués de ces dons qui leur semblaient surnaturels. Bien que leur littérature ne fût éternisée dans aucun livre, elle l'était dans leur mémoire. Les tribus avaient entre elles des espèces de jeux olympiques dans lesquels elles luttaient de supériorité entre leurs orateurs et leurs poëtes. Le poëme qui emportait le prix de l'aveu du plus grand nombre des auditeurs, était écrit alors et suspendu à perpétuité aux murs de la Cabah, temple ou maison de Dieu qu'Abraham avait construite à la Mecque. Les pèlerins qui arrivaient en foule tous les ans en admiraient le génie et répandaient à leur retour la renommée de l'œuvre et du poëte dans toute l'Arabie.

III.

Telles étaient les mœurs des Arabes à l'époque de Mahomet. Quoique occupant un territoire assez vaste, ils n'étaient pas très-nombreux. Le désert, l'éloignement des sources, les rochers, le sable, la vie pastorale qui dévore le sol, l'existence nomade qui ne fertilise rien où elle passe, l'absence de culture qui n'était pratiquée que dans les environs des villes petites et rares, enfin la polygamie qui tarit l'homme dans sa source, l'esclavage qui décime la famille, la guerre qui fauche les générations, ne permettaient pas à ces peuplades de se multiplier comme des peuples cultivateurs, policés et sédentaires. On ne porte guère approximativement qu'à deux ou trois millions d'hommes le nombre de cette nation qui allait conquérir à sa foi un tiers du globe. Le christianisme, qui se répandait de proche en proche, et qui était devenu la religion de l'empire romain, touchait au sixième siècle de son existence. L'Arabie nomade, de même que l'Arabie syrienne, était pleine de prophéties vagues, contre-coup des prophéties hébraïques. Ces pressentiments parlaient aux tribus errantes d'un messie dont la naissance devait transformer l'Arabie. On annonçait qu'il naîtrait des Coraischites, maîtres de la Mecque et gardiens du temple d'Abraham à la Cabah.

IV.

La tribu des Arabes coraischites, sédentaire et nomade à la fois, nombreuse et puissante, possédait la Mecque, Médine et quelques petites villes intermédiaires. Elle se gouvernait, comme la généralité des autres tribus, par une espèce d'aristocratie républicaine où l'hérédité, la généalogie, l'habitude, la richesse, donnaient et partageaient l'empire entre certaines familles. Ces familles principales avaient de plus à la Mecque, pour signe de leur autorité, une sorte de pontificat national qui s'exerçait, à l'époque du pèlerinage, dans le temple de la Cabah, au puits Zem-Zem et sur les autres sites réputés sacrés et visités par les pèlerins. Ce sacerdoce était pour eux et pour les habitants de la Mecque une source de richesse et un titre à la vénération des autres tribus.

L'année 500 de Jésus-Christ, Abdal'-Mothalleb, aïeul de Mahomet, exerçait la plus élevée de ces fonctions, celle de distributeur des vivres et d'hôte officiel des pèlerins de la Mecque. Noble, guerrier riche et puissant, rien ne manquait à sa félicité et à la perpétuité de son ascendant que des enfants, cette bénédiction des patriarches. Il fit vœu que si le ciel lui accordait jamais dix enfants mâles pour soutenir sa dignité et ses droits traditionnels sur les puits sacrés dans la Mecque, il sacrifierait de sa main, comme Abraham, un de ses fils, devant la Cabah, à l'idole de la maison sacrée. Douze fils et six filles lui naquirent après ce vœu. Il sentit avec douleur qu'il était temps de tenir sa promesse. Il rassembla ses dix fils les plus âgés et leur avoua le serment qu'il avait fait. Les fils se résignèrent à la volonté de l'idole et au choix de leur père. Mais le père trouva trop cruel de choisir lui-même une victime entre des fils si obéissants. On consulta le ciel par l'oracle des flèches qui portaient chacune le nom d'un des fils. La mort échut à Abdallah, le bien-aimé de son père. Les Coraischites, qui chérissaient également le jeune Abdallah, s'opposèrent au sacrifice. On consulta une sibylle ou pythonisse, qui convertit l'obligation d'immoler Abdallah dans l'obligation de sacrifier cent chameaux à l'idole.

Abdal'-Mothalleb, après avoir ainsi échangé le sang de ses enfants contre le sang de cent chameaux égorgés par lui-même devant le temple de la Mecque, rentra dans sa maison tenant par la main son fils Abdallah, le plus beau et le plus aimé du peuple parmi tous ceux de sa race. Le peuple, en voyant Abdallah ainsi miraculeusement préservé et rendu à son père, ne douta pas qu'il ne fût prédestiné par le ciel à quelque grande chose future. Le bruit se répandit que le messie des Arabes sortirait de lui. Une jeune femme noble et belle fut frappée du rayonnement presque divin qui illuminait en ce moment le visage du jeune homme. Elle s'approcha d'Abdallah pendant qu'il donnait la main à son père, et, se penchant à son oreille, elle lui dit : « Je te donnerai autant de chameaux qu'on vient d'en immoler pour toi, si tu consens à me choisir, cette nuit, pour épouse! » Elle aspirait à être la mère du grand homme ou du demi-dieu que l'Arabie attendait. Mais Abdallah lui répondit : « Je dois, en ce moment, suivre mon père. »

Abdal'-Mothalleb conduisit directement son fils chez Waab, un des chefs les plus considérés de la Mecque. Il lui demanda sa fille Amina, pour épouse d'Abdallah. L'union, consacrée par les fêtes de ce jour d'heureux augure, fut accomplie dans la même nuit.

Le lendemain, Abdallah étant sorti de la maison de Waab, rencontra, sur la place du temple, la femme qui avait désiré, la veille, être son épouse.

Mais elle parut le voir avec indifférence. Abdallah l'aborda et lui dit : « Désires-tu encore aujourd'hui ce que tu désirais hier? — Non, dit la jeune Coraischite, je ne veux plus rien de toi; la lumière qui brillait hier sur ton visage a disparu. »

Mahomet avait été conçu dans le sein d'Amina. La splendeur avait passé du visage de son époux sur le sien.

V.

Abdallah envoyé, peu de mois après son mariage, par son père, à Yatreb, ville éloignée, pour y chercher une provision de dattes, mourut dans ce voyage à l'âge de vingt-cinq ans, et fut enseveli dans le pays de Nadjir, sous les palmiers d'un de ses oncles.

Sa veuve Amina portait Mahomet dans ses flancs. Elle rêva qu'un fleuve de lumière sortait de son sein et se répandait comme une aurore sur la face de la terre. Elle l'enfanta le 1er septembre de l'année 570 après le Christ. La coutume des Arabes sédentaires puissants, vivant dans les villes, était ce qu'elle est encore aujourd'hui. Ils faisaient élever leurs fils chez les Arabes nomades, vivant sous la tente. L'objet de cette espèce d'adoption était double : l'enfant contractait ainsi, dans la vie rurale et pastorale, un corps plus sain et des habitudes plus mâles; l'affection qui naissait entre lui et la famille nomade dans laquelle il avait sucé le lait et commencé la vie, donnait à la famille puissante à laquelle il devait le sang, une clientèle indissoluble dans la tribu qui l'avait vu grandir.

Son grand-père Abdal'-Mothalleb donna, le lendemain de la naissance de son petit-fils, aux principaux habitants de la Mecque, un festin pour lequel on immola plusieurs chameaux. « Quel sera le nom de l'enfant en l'honneur duquel tu nous convies? demandèrent à la fin du repas les Arabes. — Mahomet! » répondit l'aïeul. Ce nom, inusité à la Mecque, étonna les convives. « Ce nom, dit le vieillard, signifie le *glorifié*. Je le donne, parce que j'espère que l'enfant qui vient de naître pour perpétuer ma race, sera glorifié par Dieu dans le ciel et par les hommes sur notre terre. »

Les nourrices du désert, qui venaient ordinairement se disputer les nouveau-nés aux portes des familles influentes, ne se présentèrent pas à la porte d'Amina, parce qu'elle était veuve, et que les veuves, généralement pauvres, ne récompensaient pas aussi largement que les pères les nourrices de leurs enfants. Enfin, Halima, une de ces femmes du désert qui vendaient leur sein, n'ayant pas pu trouver d'autre nourrisson dans la ville, revint chez Amina à la fin du jour et emporta l'enfant. La crédulité des Arabes remarque que, du jour où cet enfant fut entré dans la tente d'Halima, les prospérités et les fécondités de la vie nomade y entrèrent avec lui. Sa nourrice refusait de le rendre à sa mère, dans la crainte de perdre avec lui la bénédiction de sa tente. Peu d'années après qu'il eut été sevré, quelques symptômes de l'exaltation mentale qui caractérisa plus tard l'enfant, confirmèrent cette superstition domestique qui s'attachait à son berceau, et qui devait s'attacher avec tant d'éclat à sa tombe. Le fils de la nourrice gardant un jour les troupeaux avec son frère de lait, à quelque distance de la tente, accourut seul et en pleurs vers sa mère. « Qu'y a-t-il ? demanda Halima. — Mon petit frère de la Mecque, répondit l'enfant, est couché à terre et ne peut plus se relever ; il a vu deux hommes vêtus de blanc qui l'ont terrassé et qui lui ont ouvert les côtes. » Halima et son mari coururent à l'endroit où était resté Mahomet. Ils le trouvèrent relevé, mais pâle et tremblant. Il leur raconta que deux esprits célestes l'avaient endormi et prenant son cœur dans sa poitrine l'avaient lavé de toutes les souillures de la terre. Ces ablutions corporelles, symboles de la pureté de l'âme, dont le prophète fit plus tard des prescriptions, furent sans doute un souvenir de ce premier songe de l'enfant. La nourrice y vit le présage de quelques obsessions maladives de son nourrisson, et ne voulant pas qu'il déshonorât ses soins en mourant sous sa tente, le ramena promptement à sa mère. « Tu crains qu'il ne soit possédé du mauvais esprit, dit Amina à la nourrice qui lui avouait ses inquiétudes, rassure-toi, le mauvais esprit n'a aucun pouvoir sur lui ; une destinée immense attend cet enfant. » Il resta six ans à la Mecque. Sa mère Amina mourut au même lieu où était mort son père, en allant comme lui visiter ses parents à Yatreb. Elle laissa pour tout héritage à l'orphelin vingt chameaux et une seule esclave âgée nommée Oumm. Les soins de l'esclave Oumm, envers laquelle Mahomet conserva les sentiments d'un fils même après sa grandeur, remplacèrent ceux de sa mère Amina. Son grand-père Abdal'-Mothalleb, qui vivait encore, le recueillit dans sa maison. Le vieillard avait l'habitude, comme les Arabes de haute naissance de la Mecque, de passer une partie du jour assis sur un tapis, à l'ombre des murs de la Cabah. Les petits-enfants qui lui étaient nés jouaient autour de lui avec l'enfant d'Amina. Celui-ci, objet de la prédilection de son grand-père, occupait toujours la place la plus rapprochée du vieillard sur le tapis. Quand les spectateurs s'en étonnaient et voulaient, par respect, écarter l'enfant : « Laissez-le, disait Abdal'-Mothalleb, il a le pressentiment de sa grandeur future. »

Abdal'-Mothalleb mourut à quatre-vingts ans. Un de ses fils, Abou-Thaleb, oncle de Mahomet, recueillit l'enfant, âgé de neuf ans, et l'éleva comme son propre fils. Abou-Thaleb avait hérité d'une partie des charges et de l'autorité de son père à la Mecque. C'était un homme d'un cœur sûr et d'une haute raison. Il siégeait au premier rang dans les conseils de la ville, et entretenait ses richesses par le commerce avec les villes de Syrie. Les voyages qu'il faisait de temps en temps lui-même, à la tête de ses propres caravanes chargées des produits de l'Inde et de l'Arabie, pour les échanger contre les armes et les étoffes de l'Occident, devinrent la première occasion de la mission religieuse de son neveu. Un jour qu'il allait partir pour Damas et pour Alep, avec une suite nombreuse de ses serviteurs et de ses chameaux, Mahomet, qui n'avait alors que treize ans, mais dont la force et la raison devançaient l'âge, se jeta en larmes aux pieds de son oncle, et le conjura de l'emmener avec lui. Abou-Thaleb, vaincu par ses prières et par la tendresse qu'il portait à ce fils adoptif, consentit aux désirs de l'enfant. La caravane traversa heureusement le désert et les frontières de la Mésopotamie. Elle campa un jour sous les murs d'un monastère chrétien dont le supérieur était un moine arabe converti à la foi du Christ, nommé Bakra par les Arabes et Djirdjis (Georges) par les chrétiens. La Syrie était alors peuplée de ces monastères, sortes d'oasis au milieu de l'idolâtrie et de citadelles au milieu des barbares.

VI.

Le moine Djirdjis, contemplant du haut des terrasses de son monastère le campement de la caravane dans la vallée, sous ses murs, remarqua la beauté d'un enfant assis à terre et que de légers nuages, flottant comme des parasols dans un ciel de feu, semblaient ombrager d'eux-mêmes contre l'ardeur du soleil. Soit attrait naturel pour cette belle enfance, soit désir de s'entretenir de la patrie avec des compatriotes, le moine envoya offrir en son nom l'hospitalité aux chefs de la caravane. Ils montèrent au couvent, mais ils n'osèrent pas, à cause de son âge, emmener Mahomet avec eux. Quand ils furent assis devant le repas qu'on leur avait servi, le moine Djirdjis s'aperçut de l'absence de l'enfant et demanda qu'on le fît monter. Comme Abou-Thaleb s'excusait sur sa jeunesse : « Oui, oui, s'écria un des Arabes de sa suite, en se levant pour aller chercher l'orphelin, le petit-fils d'Abdal'-Mothalleb est digne, quel que soit son âge, de participer à l'honneur que tu nous fais ! »

Le moine Djirdjis l'accueillit avec tendresse. Sa foi chrétienne n'avait pas entièrement effacé en lui les crédulités nationales de sa race. Il aperçut un signe au-dessous du cou, entre les deux épaules de Mahomet, signe que les Arabes considèrent comme l'augure des grandes destinées. Il adressa un grand nombre de questions à l'enfant, et s'étonna de la justesse et de la force des réponses. La caravane fit une longue halte sous les murs de ce couvent hospitalier. Le moine profita sans doute de ces longs entretiens avec le fils d'une race illustre pour semer dans cette tendre et fertile intelligence les germes d'une foi plus spirituelle et plus pure que les grossières superstitions de la Mecque. Quand Abou-Thaleb se remit en route, Djirdjis lui dit d'un ton à la fois prophétique et paternel : « Va! ramène, après ton voyage, ton neveu dans sa patrie ; veille avec sollicitude sur lui, et surtout préserve-le des Juifs ; s'ils venaient à découvrir en lui certains indices que j'ai moi-même découverts, ils ne manqueraient pas de former quelques complots contre sa vie ; apprends seulement que l'avenir réserve de grandes choses au fils de ton père. »

Tous les historiens arabes s'accordent dans le récit de cette première entrevue et d'autres entrevues renouvelées plus tard entre le jeune Arabe et le moine chrétien du couvent de Syrie. C'est le point de départ des pensées, comme de la mission future du prophète de l'Arabie. Le Koran fut évidemment dans son esprit la végétation de cette semence de l'Évangile jetée en passant par le vent du désert dans son âme. Il y eut parenté en naissant entre les deux cultes qui se méconnurent après.

VII.

Abou-Thaleb conçut de cet entretien avec le moine un secret respect pour son neveu. Il le ramena à la Mecque. Le jeune homme ne s'y fit pas moins admirer par la maturité précoce de son esprit, par la probité de son âme, par le recueillement de sa vie, que par la grâce et la majesté de son visage. Il recherchait l'entretien des vieillards et des sages, il fuyait les légèretés, les débauches, les ivresses des jeunes Coraischites. Il méditait seul sur les collines et dans les vallées pierreuses des environs de la Mecque ces pensées qu'on ne recueille que dans la solitude, et qui font trouver amer ce que la foule appelle doux. Il est vraisemblable que ces pensées, alors sans confidents, du neveu d'Abou-Thaleb, tendaient toutes à une réforme de la religion brutale et matérialiste de ses compatriotes. La révolution qu'il devait opérer n'était pas, comme on l'a cru, sans pressentiment et même sans prédisposition parmi les Arabes. Les superstitions honteuses du vieux culte commençaient à soulever l'esprit des Coraischites réfléchis. Les habitudes subsistaient, les convictions chancelaient dans les âmes. Autrement, quel qu'eût été le génie de Mahomet, il eût échoué contre une religion. Un homme destiné à réussir n'est jamais que le résumé vivant d'une inspiration commune dans l'esprit de son temps. Il le devance un peu, et c'est pourquoi on le persécute; mais il l'exprime, et c'est pourquoi on le suit.

VIII.

Dans ce temps vivait à la Mecque, dans une échoppe de la colline Marwa, quartier des artisans en métaux, un orfèvre nommé Djabir, Grec d'origine et chrétien de religion. Mahomet fréquentait la boutique de cet artisan. Il avait avec lui de fréquents et de longs entretiens, dont l'objet mystérieux ne pouvait être que les dogmes et la morale du christianisme. Bien que l'entretien fût pénible entre l'artisan grec, qui ne savait qu'imparfaitement l'arabe, et le Coraischite, qui ne savait pas le grec, Mahomet ne se rebutait pas de cet obstacle, et passait des heures et des jours dans la société de ce chrétien.

Pendant que le jeune homme puisait dans les sources étrangères la philosophie religieuse des nations voisines, des Mages en Perse, des Hébreux en Judée, des chrétiens en Syrie et en Abyssinie, il se livrait avec les poëtes et les hommes lettrés de son pays aux études nécessaires pour donner un jour à ses pensées la propriété, la force et la pureté du verbe national. Il savait que la vérité, pour devenir vulgaire, doit se réfléchir dans un miroir qui la reproduise à la fois claire, éclatante et pénétrante comme le rayon dans l'eau. La langue arabe, d'autant plus pure dans le désert qu'elle y était moins altérée par le contact des idiomes étrangers, offrait en ce moment au révélateur un admirable instrument d'intelligence et de propagation. Le Koran en est encore le type le plus accompli. Elle n'a rien acquis, rien perdu depuis ; elle semble s'être pétrifiée ou métallisée sous la plume de roseau de l'auteur du Koran.

IX.

Il ne paraît pas avoir cultivé en ce temps-là son âme avec moins de sollicitude que son intelligence. Sa beauté, sa modestie, sa séquestration des plaisirs profanes de la jeunesse coraischite, son assiduité à la prière dans le temple, son respect pour les vieillards, son attention à recueillir les paroles des sages, son affection filiale pour son père adoptif Abou-Thaleb, sa déférence pour les fils de cet oncle dont il était l'hôte sans affecter d'être l'égal, son goût pour la solitude, ses rêveries, nuages sous lesquels il semblait voiler la hauteur et l'éclat de son esprit, enfin une éloquence sobre qui ne parlait que quand on l'interrogeait, mais qui coulait de l'âme plus que des lèvres, et qui avait le don de persuader les autres parce qu'elle était déjà persuasion en lui, toutes ces qualités de naissance, de corps et d'esprit, de caractère, appréciées par tous, même chez les barbares, appelaient l'estime, les cœurs, les yeux de la Mecque sur l'orphelin d'Amina. Elles attirèrent surtout le cœur d'une femme opulente et considérée de la Mecque, nommée Khadidjah.

X.

Khadidjah, fille de Kouwalid, chef d'une des plus nobles maisons parmi les Coraischites, était veuve. Son père et son premier mari lui avaient laissé des richesses qu'elle faisait valoir, à leur exemple, dans le commerce avec la Syrie. Ses caravanes traversaient le désert. Elle cherchait un intendant capable et fidèle pour lui confier la direction de ses affaires et la conduite de ses caravanes, et voulait s'assurer de son zèle en l'intéressant au succès de ses trafics par une part dans les bénéfices. Elle entendait louer partout le neveu d'Abou-Thaleb; elle lui proposa ce poste de confiance dans sa maison. Peut-être la naissance illustre, la jeunesse et les grâces extérieures du fils d'Amina, autant que ses vertus, firent-elles concevoir dès lors à Khadidjah le vague espoir de s'attacher un jour ce beau jeune homme par des liens plus étroits. Vertueuse, belle et jeune encore elle-même, elle pouvait, après avoir éprouvé le caractère de Mahomet, songer à en faire un second époux.

XI.

Quoi qu'il en soit, Mahomet, brûlant de visiter les pays inconnus d'où les doctrines hébraïque et chrétienne transpiraient avec tant d'attraits pour son âme jusque dans le désert, accepta avec reconnaissance l'offre de Khadidjah. Elle le plaça au commencement sous la surveillance et sous les conseils d'un de ses serviteurs plus rempli d'années et d'expérience, nommé Maycara. Ils partirent ensemble et conduisirent heureusement les caravanes de Khadidjah à Damas, Alep, Antioche, Jérusalem, Béryte, Palmyre, Baalbek, et dans toutes les villes opulentes de la Syrie arabe ou romaine. Ils y vendirent à haut prix les tissus et les perles de l'Inde dont Khadidjah avait chargé ses chameaux, et rapportèrent au retour des objets les plus recherchés par les Arabes qui venaient, à l'époque du pèlerinage, approvisionner leurs tentes à la Mecque. Cet échange produisit de nouveaux trésors à Khadidjah. Maycara, son domestique affidé, qu'elle interrogea sur la conduite de Mahomet, lui parla de son jeune compagnon comme d'un être béni de Dieu, que les anges protégeaient en route de leurs ailes contre les ardeurs du soleil. Il raconta à sa maîtresse que Mahomet s'était arrêté au pied d'un monastère chrétien dont le supérieur, ami déjà du jeune homme, avait été, comme lui, témoin de cette protection divine qui lui donnait l'ombre à volonté. Ce moine, ajoutait Maycara, présageait de grandes destinées à ce jeune homme. Il serait, disait le moine, l'apôtre de l'Arabie.

Quant à Mahomet lui-même, il était plus occupé des vérités religieuses qu'il avait recueillies dans ses voyages que de la part des trésors qu'il rapportait à sa maîtresse. Khadidjah, cependant, ne trouvait plus cette part suffisante à sa reconnaissance. Les mérites, les services, les vertus précoces de son jeune serviteur avaient changé son estime pour Mahomet en inclination et en admiration. Les prophéties du moine chrétien ajoutaient à son amour ce prestige qui est le pressentiment de la gloire. Devenir l'épouse de celui en qui le ciel annonçait on ne sait quoi de divin, paraissait à la jeune veuve une association à la divinité d'un être surnaturel. L'amour aidait au prodige et le prodige à l'amour.

XII.

Elle n'osa, suivant l'usage arabe, lui parler elle-même de ses sentiments. Elle lui fit parler par un vieillard de sa maison. Voici les paroles qu'elle lui fit porter :

« Mon cousin, la parenté qui existe entre nos deux familles, la précoce considération qui t'environne, ta sagesse et ta fidélité dans la conduite de mes caravanes me font désirer de t'appartenir! »

Mahomet, flatté d'une si haute félicité, n'osa néanmoins rien répondre sans l'aveu de son oncle et de ses cousins. Abou-Thaleb vit dans cette union la gloire de sa maison et la fortune de son nom. Il alla demander au père de Khadidjah la main de sa fille en s'engageant à payer lui-même le prix du douaire de la veuve. Il rassembla dans un festin les chefs des quarante maisons les plus puissantes de la Mecque, et leur annonça que le festin avait lieu à l'occasion du mariage de son fils adoptif Mahomet avec la riche fille de son cousin. « Mahomet, le fils de mon frère, leur dit-il en se levant de son tapis, est dépourvu des biens de la fortune, de ces biens qui sont une ombre passagère, un dépôt qu'il faut rendre tôt ou tard à la terre; mais vous connaissez tous ses vertus et la noblesse de sa naissance; vous savez que nul ne peut être comparé en sagesse à lui! »

Mahomet et Khadidjah, unis de cœur, mais toujours séparés de biens, selon l'usage des secondes noces dans le désert, vécurent dans une fidélité exemplaire. Mahomet continua à avoir pour sa femme, plus âgée que lui, le respect et les déférences d'un fils avec la tendresse d'un époux. On trouve dans l'historien arabe Aboul-Féda un témoignage naïf et touchant des scrupules du mari pour l'autorité de sa femme. Sa nourrice Halima ayant entendu parler de son mariage et de ses richesses, vint lui faire le tableau de sa propre misère, et solliciter sa bienfaisance pour celle qui lui avait donné sa mamelle. Mahomet, attendri, n'osa pas secourir sa propre nourrice avec l'or de sa femme. Il sollicita humblement lui-même Khadidjah pour en obtenir l'assistance demandée, et ce ne fut qu'avec sa permission qu'il donna à la pauvre Halima un troupeau de quarante brebis.

Khadidjah ne tarda pas à enfanter un fils, premier né, nommé par elle Elkacim, puis deux autres fils, nommés Tayeb et Tayr, quatre filles ensuite, nommées

Rocaya, Zaynab, Oummcolthaim et Fathimah. Les fils moururent au berceau. Les filles vécurent jusqu'à la prédication de leur père. Elles furent élevées dans sa foi. Othman, le calife, épousa les trois premières successivement. Fathimah, la plus jeune, épousa Ali, le plus jeune aussi des fils d'Abou-Thaleb. C'est de Fathimah que descendent tous les musulmans à turban vert, qui s'appellent aujourd'hui schéryfs, et qui prétendent avoir dans leurs veines une goutte du sang du prophète des croyants.

Pendant les dix années qui suivirent son mariage, aucune lueur éclatante ne signala la vie de Mahomet. Il vécut dans l'obscurité, dans la méditation et dans le silence. Il avait trente-cinq ans quand les habitants de la Mecque délibérèrent de reconstruire la Cabah, ou le temple, qui s'écroulait de vétusté, et dont les pèlerins déploraient la décadence. La piété les poussait, le respect les retenait. Un navire romain ayant fait naufrage précisément dans ce temps-là sur les écueils de la mer Rouge, non loin de la Mecque, jeta sur la côte du bois, du fer et un charpentier échappé au naufrage. On vit un augure dans ce secours céleste de matériaux et d'un artisan pour les mettre en œuvre. Mais au moment de lever la main sur les murs croulants pour les réparer, nul n'osa porter le premier coup. Enfin, Walid, plus pieux ou plus hardi que ses compatriotes, prit une pioche, et s'écria, en la levant pour abattre un pan de muraille : « Ne t'irrite pas contre nous, ô Dieu d'Abraham; ce que nous faisons, nous ne le faisons que par piété. » Le mur croula, et Walid ne fut point frappé de mort. Cependant les Coraischites voulurent laisser passer la nuit avant de continuer, pour bien s'assurer qu'aucune vengeance divine ne punirait le sacrilége matériel de Walid. Il sortit le matin de sa maison sain et sauf. Les Coraischites, à son aspect, se rassurèrent, et achevèrent la démolition. Mais, quand il fallut replacer la pierre noire d'Abraham dans un pan de la nouvelle muraille, les principales familles de la Mecque se disputèrent l'honneur de la replacer. On prit les armes pour juger la contestation par la guerre. Au moment de combattre, des sages s'interposèrent, et Mahomet, regardé comme le plus juste de tous, fut choisi pour arbitre. Il étend à terre son manteau, fait poser la pierre sacrée sur l'étoffe, place les quatre coins du manteau entre les mains des quatre chefs des factions dont la rivalité allai ensanglanter le temple, et fait élever simultanément par eux la pierre, dont le poids est ainsi partagé, jusqu'à la hauteur qu'elle doit occuper dans le mur. Les Arabes admirèrent cette politique, cette équité et cette sagesse en parabole. Sa renommée s'en accrut. Le roi de Perse Khosroës, à qui l'on raconta le subterfuge du Mecquois, demanda : « De quel aliment se nourrissent-ils donc? — De pain et de froment, lui répondit-on. — A la bonne heure, reprit le roi, car le lait et les dattes ne pourraient donner cet esprit-là. »

XIII.

Ce fut à cette époque que Mahomet, par une reconnaissance qui lui valut plus tard le premier et le plus cher de ses disciples, soulagea son oncle Abou-Thaleb du fardeau d'une trop nombreuse famille disproportionnée à sa fortune. Mahomet rassembla les parents d'Abou-Thaleb et leur dit : « Notre oncle est devenu pauvre, prenons chacun un de ses quatre fils. » Il prit chez lui le plus jeune, nommé Ali, et l'adopta, pour remplacer les trois enfants mâles que la mort lui avait ravis. Il demanda en même temps à Khadidjah un enfant esclave nommé Zaïd dont on avait fait présent à sa femme, et qui promettait du courage et de la piété. Il l'adopta avec la permission de Khadidjah. L'enfant s'attacha tendrement à Mahomet. Son père, à qui on l'avait dérobé en Syrie, vint à la Mecque pour le racheter. Mahomet ne refusa pas de le rendre. Il fit venir l'enfant et lui dit : « Suis celui des deux que tu voudras. » Zaïd, préférant son père adoptif à son propre père, suivit Mahomet, préférant la paternité du bienfait à la paternité de la nature.

XIV.

Cependant Mahomet touchait à sa quarante et unième année. Rien en lui jusque-là n'indiquait à ses compatriotes l'homme investi d'une mission surnaturelle. On ne remarquait en lui que ce que les Hébreux avaient remarqué dans leur législateur Moïse, l'entretien muet avec son propre esprit dans la solitude. Il semblait fuir la foule et le bruit pour écouter mieux les voix de son propre cœur. Il se retira pendant les chaleurs de l'été, avec sa femme et sa famille, dans une fraîche caverne du mont Hirà, près de la Mecque. Il s'en échappait souvent la nuit, et s'égarait sur les collines et dans les vallons voisins de la grotte pour contempler, prier et suivre des pensées qui conduisaient ses pas au hasard. Ses absences se prolongeaient de jour en jour davantage. Une obsession maladive semblait peser sur lui. Le temps fuyait, il n'avait pas commencé son œuvre, il éprouvait ces reproches intérieurs des hommes qui se croient une mission pénible à accomplir, et que leur conscience gourmande de leurs hésitations et de leurs ajournements. Il croyait entendre, par la force d'une conviction qui égarait ses sens, des voix d'êtres invisibles répandus sur la montagne, sortant du rocher, et disant quand il passait : « Salut, envoyé de Dieu. » Il racontait à Khadidjah ces voix extatiques. Convaincue de la vertu et de la supériorité de son mari, elle prenait, comme lui, les voix de l'extase pour des voix réelles. Sa foi, égale à sa tendresse, écartait le doute. Elle trouvait le fils d'Amina assez vertueux et assez supérieur aux autres hommes pour mériter ces célestes communications. Elle le confirmait par une pieuse crédulité dans ses illusions. L'opinion de la divinité de sa mission commençait par le cœur de sa femme. Cependant Khadidjah paraît avoir redouté quelquefois que ces visions de l'enthousiasme ne fussent dans son mari les atteintes d'une maladie ou les vertiges d'un mauvais esprit. On voit les traces de cette inquiétude dans la suite d'une des plus longues visitations de l'esprit qui décidèrent la prédication publique de Mahomet.

XV.

Une nuit qu'elle reposait dans la grotte du mont Hirà, elle se réveille et s'étonne de ne pas trouver son mari à côté d'elle. Alarmée de sa longue absence pendant les ténèbres, elle envoya ses serviteurs, ses enfants et ses esclaves le chercher dans les gorges de la montagne. Ils allèrent, en parcourant les moindres ravines et en l'appelant à grands cris, sans le rencontrer, jusqu'à la Mecque. Pendant leur absence, Mahomet était enfin revenu à l'aube du jour. Khadidjah l'interrogea avec larmes :

« Je dormais d'un sommeil profond, lui dit son mari, lorsqu'un ange m'est apparu en songe. Il portait une large pièce d'étoffe de soie couverte de caractères d'écriture : « Lis, me dit-il. — Que lirai-je? « lui dis-je, dans mon ignorance. » Alors l'ange m'enveloppa avec colère dans cette pièce d'écriture enroulée autour de moi jusqu'à m'étouffer, et me répéta d'un ton plus impérieux : « Lis ! — Que lirai-« je? lui dis-je de nouveau. — Lis au nom de Dieu,

« poursuivit l'ange ; c'est lui qui a révélé aux hom-
« mes l'écriture et qui apprend aux ignorants ce
« qu'ils ne savent pas. » Je répétai ces paroles après
l'ange. Il s'éloigna. Je sortis, je marchai longtemps
pour calmer mes esprits, loin sur la montagne. Là,
j'entendis au-dessus de ma tête une voix qui me
dit : « O Mahomet, tu es l'envoyé de Dieu et je suis
« son ange Namoûs (ou Gabriel), confident de Dieu. »
Je levai les yeux, je vis l'ange, et je restai longtemps
éperdu à la place où je l'avais vu disparaître. »

Il est impossible de ne pas voir dans ce songe et
dans la vision imaginaire qui en fut la suite l'obsession maladive d'une idée fixe de Mahomet ne sachant
encore à cette époque ni lire ni écrire, et convaincu
cependant par son génie intérieur qu'un *livre* était
l'instrument nécessaire de la transformation religieuse de ses idolâtres compatriotes.

« Courage, et réjouis-toi, lui dit sa femme conso-
lée. J'espère que tu seras le prophète de ton peuple. »

XVI.

Cependant, de peur d'être elle-même le jouet de l'imagination de son mari et de la sienne, dès que le jour fut levé elle se rendit seule à la Mecque, et alla consulter le plus sage et le plus renommé des sages de la nation, l'illustre Waraca, le plus lettré et le plus savant des Coraischites. Elle lui raconta tout ce que son mari avait cru voir et entendre. « Dieu saint! s'écria le vieillard déjà détaché des idolâtries populaires, qui lisait la Bible et qui entrevoyait le christianisme à l'horizon de l'Arabie, Dieu saint! si tout cela est vrai, c'est Namoûs (Gabriel), celui qui portait jadis à Moïse les messages, c'est lui qui est apparu à ton mari et Mahomet sera l'apôtre des Arabes. » Waraca, qui touchait à ses derniers jours et dont les yeux avaient perdu la lumière des cieux, fut abordé, le lendemain, par Mahomet lui-même, dans le parvis du temple. « Mon fils, lui vit le vieillard, tu seras le messager de Dieu pour apporter un jour plus pur à nos enfants; mais attends-toi, à ce titre, à être persécuté par tes compatriotes. »

XVII.

Ce ne fut qu'à partir de ce jour que Mahomet, renversé sur la montagne par de fréquents éblouissements, crut définitivement en lui-même, et accepta avec résolution les peines et les périls de la mission surnaturelle dont il se dit chargé. Ses entretiens en songe, en extase ou en évanouissement, avec le confident du ciel, Gabriel ou Namoûs, se multiplièrent, ou extatiquement ou artificiellement, au gré des besoins de son esprit et du plan qu'il avait conçu pour convertir sa tribu au Dieu unique. Les premières révélations qu'il rapporta aux siens de ses extases furent l'unité et l'immatérialité de Dieu, la conformité méritoire faite suivant la volonté de l'homme à la volonté sainte du créateur, la prière cinq fois par jour précédée d'ablutions corporelles, symbole de la purification de l'âme, et la foi en lui-même comme prophète inspiré de Dieu et organe de ses mystères.

La foi tendre et complète de Khadidjah au caractère prophétique de son mari doubla la sienne, écarta ses doutes, consola ses peines, raffermit les ébranlements de son courage. Il eut, à l'inverse des grands hommes, son cénacle domestique dans sa maison. L'islamisme commença comme une famille. On le pratiqua longtemps dans la demeure de Mahomet, avant qu'il fût répandu et pratiqué dans aucune autre réunion des Coraischites. Ses premiers fidèles furent lui-même, sa femme, son neveu, ses filles, ses serviteurs. Il parut longtemps se borner à cette conversion intime de lui et des siens à la foi pure d'Abraham, espérant que Dieu se contenterait de ce culte restreint et ne lui demanderait pas une propagation plus onéreuse de sa vérité. Le jeune Ali, élevé par lui comme son fils, et âgé seulement de douze ans, fut, après Khadidjah, le premier et le plus résolu de ses croyants. L'enfant, accoutumé à croire son oncle, n'hésita pas à voir dans ce second père l'oracle de son esprit, comme il était celui de son cœur. Avec un courage supérieur à ses années, il crut marcher à Dieu lui-même, en marchant sur les traces de son oncle. Lorsque Mahomet allait faire ses prières sur les collines des environs de la ville, Ali, rebelle aux suggestions, aux incrédulités de ses plus proches parents, et même d'Abou-Thaleb son père, accompagnait de loin Mahomet dans un recueillement qui bravait la raillerie des autres enfants de son âge. On le voyait, disent les chroniques, agenouillé ou couché la face contre terre, derrière Mahomet, imiter tous les gestes, toutes les attitudes, toutes les élévations de cœur et toutes les paroles de son oncle. Un jour, son père Abou-Thaleb les ayant suivis et surpris dans ces prières : « Que faites-vous là et quelle religion nouvelle pratiquez-vous donc? leur dit-il. — La religion du vrai Dieu, du Dieu unique, répondit Mahomet; celle de notre père Abraham. Dieu m'a suscité pour la faire connaître aux hommes et les inviter à l'adopter. O mon oncle, nul n'est plus digne que toi d'entendre cet appel, d'embrasser la vraie croyance et de m'aider à la répandre! — Fils de mon frère, lui répliqua Abou-Thaleb, je ne puis abjurer la religion de mes pères, mais si l'on t'attaque pour la tienne, je te défendrai! » Puis, se tournant vers son fils Ali, qu'il avait livré à Mahomet pour l'élever à la place des siens : « Ton oncle Mahomet ne saurait rien t'enseigner de mal, lui dit-il; sois donc toujours docile à ses inspirations. »

Après Khadidjah et Ali, le troisième fidèle qui embrassa de confiance l'islamisme ou la *religion de quiétude à la volonté de Dieu*, fut Zaïd, l'esclave de Khadidjah, que Mahomet avait affranchi et qu'il avait adopté pour fils. Un Arabe noble et d'une beauté célèbre parmi les tribus, nommé pour cette distinction de visage El-a-Tick, fut le quatrième. Il changea de nom en changeant de Dieu et s'appela Abou-Bekr, ou le *père de la vierge,* parce qu'il était père d'Aichah, jeune fille d'une merveilleuse beauté qui fut depuis l'épouse de prédilection du prophète.

XVIII.

La profession de foi ouverte d'Abou-Bekr aux doctrines de Mahomet préserva l'islamisme naissant de ce vernis de démence et de ridicule, premier sarcasme contre les idées nouvelles, que le préjugé populaire ne manque jamais de jeter sur ce qui choque ses habitudes. Abou-Bekr était un de ces hommes regardés du ciel, qui ne se trompent pas de cause, et dont l'adhésion attire du côté où ils penchent, sinon la conviction, du moins le respect de la multitude. En avouant Mahomet pour son maître, il le couvrait contre le dédain; il entraîna bientôt avec lui les principaux Coraischites parmi la jeunesse élégante et guerrière de la Mecque, Othman, de l'illustre maison des Omeyra, Abderaman, de la famille d'Auf, Sad, fils du vénérable Waraca, Zabeyr, neveu de Khadidjah. Ces disciples confessèrent hardiment l'unité de Dieu, la liberté de l'homme dans ses actions, le mérite de la vertu, le châtiment des vices, le devoir de la conformité des volontés résignées de l'homme à la volonté suprême et parfaite de Dieu, l'immortalité des âmes, la récompense ou le châtiment après la mort selon la vie, l'aumône, la prière obligatoire, double sacrifice, l'un du corps, l'autre de l'esprit, offert au père commun comme en échange des sacrifices de sang, les rites promulgués par Mahomet pour attester et nourrir cette foi rationnelle, sorte de discipline de son culte à laquelle devaient se reconnaître les vrais croyants, enfin le caractère surnaturel d'un grand et saint *inspiré*, nommé Mahomet, recevant et transmettant aux Arabes les vestiges retrouvés de la pure religion d'Abraham, leur père.

XIX.

Mahomet, à qui ses extases sincères, affectées ou maladives, n'enlevaient rien de la lucidité et de la politique de son génie, habile à ne pas devancer les heures, laissa couver encore trois ans sa doctrine et sa foi dans ce mystère d'un cénacle de ses premiers disciples, demi-jour qui excita la curiosité sans faire éclater le scandale. Il attendait que la secte eût assez de force pour résister au cri public et à la persécution qu'elle ne manquerait pas de soulever, quand elle se poserait face à face avec le vieux culte et avec les soutiens sincères ou salariés des antiques superstitions.

Il eut l'innocente politique de désintéresser d'abord le peuple et les grandes familles des Coraischites des priviléges, des bénéfices et de la dignité qui s'attachaient à la possession du temple et au concours des pèlerins. Peu importait à la cause de l'unité de Dieu et à la sainteté de la morale que l'on respectât dans le culte nouveau la tradition, qui attribuait la fondation de la Cabah à Abraham, que l'on conservât de la vénération pour ce souvenir, et que l'habitude des pèlerinages fût conservée en Arabie, pourvu que les fausses divinités en fussent bannies. Mahomet, qui croyait fermement lui-même à la tradition d'Abraham et à la religion pure de ce patriarche, maintint la vénération de la Cabah, le pèlerinage, les cérémonies, le concours des caravanes de la Mecque pendant le mois sacré. Il lui suffisait de changer le Dieu. Il savait, comme tous les réformateurs, qu'il ne faut pas déraciner inutilement, mais greffer autant qu'on le peut innocemment la séve nouvelle sur le vieil arbre. Les racines de l'erreur portent ainsi plus vite et plus sûrement les fruits de la vérité.

Après ces précautions commandées par la sagesse humaine, il se sentit enfin pressé, par ses voix intimes, de laisser éclater sa mission. Elle n'était déjà plus un secret, elle était seulement une confidence presque générale dans la Mecque. Le grand nombre de ses disciples en faisait une rumeur sourde, mais croissante, que le mystère ne pouvait plus contenir. Il les réunit au nombre de quarante à un festin dans la cour de sa maison, selon la coutume des grands conseils qui précédaient les résolutions importantes parmi les Arabes. C'étaient tous les fils et descendants de son oncle et son père adoptif, Abdal'-Mothalleb. Le festin, sobre comme la vie du désert, ne se composait que d'un quartier de mouton et de riz. Mahomet y suppléa par la nourriture de l'âme; il entretint ses convives avec tant d'inspiration et de persuasion qu'ils se sentirent rassasiés par ses paroles. Ces esprits simples, étonnés de se sentir satisfaits devant la médiocrité d'un tel festin, attribuèrent même à la magie des esprits infernaux ce charme et ce rassasiement qui n'étaient en eux que la magie de la parole. Ils se retirèrent, inquiets, en s'interrogeant les uns les autres et en se promettant de ne pas revenir s'exposer à ces enchantements suspects.

Mahomet les invita cependant pour le lendemain en plus grand nombre. Ils revinrent malgré leur répugnance. Mahomet s'efforça de ramener à lui toute cette partie de sa famille qui ne professait pas encore sa croyance.

« Que craignez-vous? leur dit-il à la fin du repas. Jamais aucun Arabe offrit-il à sa nation des avantages comparables à ce que je vous apporte? Je vous offre le bonheur de cette courte vie et la félicité éternelle dans la vie future. Dieu m'a ordonné d'appeler les hommes à lui. Voyons qui de vous veut me seconder dans cette œuvre? Qui de vous veut devenir mon second, mon frère, mon remplaçant sur la terre? » L'étonnement, l'effroi, le respect humain, l'incrédulité les retinrent tous. Aucun ne se leva; tous gardèrent un silence embarrassé. Mahomet allait se trouver son seul croyant. Mais le plus jeune des convices, Ali, presque encore enfant, rougissant d'abandonner son second père, se leva avec la naïve générosité de son âge, et s'écria : « Moi, prophète de Dieu! ce sera moi à défaut des autres! »

Mahomet, touché jusqu'aux larmes, et voyant dans cet élan de l'adolescent, le dernier de tous les convives, une désignation du doigt de Dieu, qui marque où les hommes ne regardent pas, serra l'enfant contre son cœur : « Eh bien! dit-il en ne rougissant pas plus de ce disciple que le disciple n'avait rougi de lui, voici Ali, mon fils, mon frère, mon second, mon autre moi-même, obéissez-lui! » Cette élection d'un enfant par l'*inspiré* scandalisa jusqu'à la risée les assistants. Un homme qui ne trouvait pour l'avouer que le plus jeune et le plus timide de la famille, leur parut abandonné du sens vulgaire. Ils se levèrent en raillant, et ils dirent en s'en allant à Abou-Thaleb, le père du pauvre Ali : « Ce sera donc à toi désormais d'obéir à la sagesse et à la volonté du dernier de tes fils! » Abou-Thaleb lui-même, tout en aimant Mahomet et en le protégeant contre les insultes, ne pouvait s'empêcher de le plaindre comme un parent plein de vertu et de génie, mais que sa vertu et son génie même transportaient au delà du sens réel des choses humaines.

Ces premières prédications de Mahomet passèrent dans la Mecque pour les visions d'un homme de bien dont l'âme était partagée entre une grande sagesse et un peu de démence. Tant qu'il se contenta de professer dans les places publiques, dans les assemblées et dans le temple, le dogme majestueux de l'unité et de la perfection de Dieu, et les devoirs de la vie morale et de la prière, religion suprême dans les rapports d'adoration de la créature au créateur, le peuple l'écouta sans fanatisme, mais sans répugnance. C'étaient là des idées assez généralement admises et tellement hautes, qu'elles passaient par-dessus les têtes sans briser les idoles en crédit. Mais, aussitôt que, tirant les conséquences religieuses de ce dogme spiritualiste, il en vint à proscrire les images charnelles de cette divinité qui souillaient le temple et qui usurpaient la place, la foi et le respect du Dieu unique, un cri général d'indignation s'éleva contre le blasphémateur. La piété des adorateurs des idoles se changea en colère et en imprécations contre lui. Le peuple demanda aux grands protection et vengeance pour les Dieux du pays. Les grands s'assemblèrent ; ils n'osèrent sévir contre Mahomet, protégé par sa parenté avec la puissante famille d'Abou-Thaleb. Ils envoyèrent une nombreuse députation choisie parmi les plus sages et les plus conciliants d'entre eux, pour demander à Abou-Thaleb lui-même ou de réprimer l'audace blasphématoire de son neveu, ou de permettre qu'ils la réprimassent eux-mêmes en gardant une patriotique neutralité.

Abou-Thaleb, soit par dédain pour la religion populaire, soit par inclination secrète pour les hautes vérités philosophiques professées par Mahomet, soit par susceptibilité d'orgueil de famille, soit enfin par cette tendresse reconnaissante qu'il paraît avoir toujours nourrie dans le fond de son cœur pour un neveu qui avait été son fils adoptif, et qui, à son tour, servait de père à son fils Ali, éluda les discours des grands de la Mecque. Il refusa de promettre une neutralité qui, chez les Arabes, aurait paru un lâche abandon des droits du sang. Mahomet, fort de cette parenté, continua ses prédications dans les lieux publics.

XX.

L'indignation s'accrut, les grands s'assemblèrent de nouveau à la voix du peuple. Ils sommèrent encore avec respect, mais avec plus de force, Abou-Thaleb de retirer sa protection à son neveu, s'il voulait empêcher l'extermination de l'un ou de l'autre parti.

Abou-Thaleb, redoutant les malheurs qui allaient affliger le peuple par la guerre religieuse que l'obstination de son neveu allait provoquer, pria les députés d'attendre, et envoya appeler Mahomet. « Évite donc, lui dit-il devant eux d'un ton paternel de reproche et de douleur, d'attirer sur toi et sur toute ta famille les calamités qui nous menacent. — O mon oncle, reprit avec une triste fermeté Mahomet, je voudrais pouvoir t'obéir sans crime; mais quand on ferait descendre le soleil à ma droite et la lune à ma gauche en récompense de mon silence, et que, d'un autre côté, on me présenterait la mort face à face pour m'intimider, je ne renoncerais pas à l'œuvre qu'il m'est ordonné de tenter! » En disant ces mots, il pleura de regret de ne pouvoir complaire à son oncle et d'être inévitablement rejeté par lui. Il fit quelques pas pour sortir de l'assemblée, mais Abou-Thaleb, attendri par sa physionomie et édifié par sa conviction : « Reviens, lui dit-il, fils de mon frère! » Mahomet se rapprocha. « Eh bien! lui dit son oncle, prophétise ce que tu voudras, jamais, je le jure ici devant toi comme devant tes accusateurs, je ne te livrerai à tes ennemis. »

Enfin les grands, espérant désintéresser Abou-Thaleb en lui donnant un autre fils d'adoption en échange de Mahomet, lui amenèrent le plus beau et le plus accompli des adolescents de la Mecque, Omrà, fils de Walid, et lui dirent : « Prends-le pour ton fils et livre-nous Mahomet. » Abou-Thaleb repoussa avec indignation ce commerce de son cœur. « Non, non, jamais, leur dit-il, je ne vous laisserai tuer le fils de mon frère. » La famille entière et les clients d'Abou-Thaleb, convoqués par lui, s'assemblèrent à leur tour, et, quoique étrangers pour la plupart à la nouvelle religion, ils jurèrent par la religion du sang qu'ils ne permettraient pas au parti orthodoxe de frapper l'apôtre qui était leur protégé naturel. Ce refus d'Abou-Thaleb et cette protection déclarée de sa puissante maison réduisirent pour un temps les ennemis de Mahomet à l'inaction et à la ruse.

XXI.

C'était l'époque où le pèlerinage attirait à la Mecque des Arabes de toutes les parties du désert. Ils convinrent de s'aposter sur les routes pour prémunir les pèlerins contre les nouveautés qu'un prétendu prophète, neveu d'Abou-Thaleb, semait comme un schisme dans la Cabah. « Convenons aussi, délibérèrent-ils avant de sortir de la ville, de ce que nous dirons séparément aux pèlerins, afin que nos paroles concertées ne se démentent pas les unes les autres. Dirons-nous que c'est un devin? Non, car il n'a ni l'accent convulsif et incohérent, ni le langage plein de consonnances affectées de nos devins. Dirons-nous que c'est un insensé? Mais toute sa personne respire la dignité et la réflexion. Dirons-nous que c'est un poëte? Mais il ne s'exprime pas en vers. Dirons-nous enfin que c'est un magicien? Mais il n'opère point de miracles; il ne pratique aucun des mystères de la magie; sa seule magie est dans l'habileté et la persuasion de ses lèvres. Disons donc que c'est un ennemi public qui sème par ses artifices la désunion dans les familles, qui envenime les cœurs, qui fait que le frère se sépare du frère, le fils du père, la femme du mari! »

XXII.

Ils firent ce qu'ils avaient dit; mais, ainsi qu'il arrive toujours des doctrines nouvelles, quand elles contiennent des vérités destinées à éclore dans l'esprit humain malgré les hommes, les précautions intéressées qu'on prend contre elles tournent à leur succès et à leur gloire. Le cri qu'on élève pour les confondre sert à les propager; la publicité de scandale à laquelle on les livre leur donne la lumière et le retentissement sans lesquels elles auraient étouffé dans les âmes. C'est ce qui arriva à Mahomet. Tous les pèlerins, à qui ses ennemis avaient appris son nom et ses blasphèmes, voulurent voir et entendre l'homme de scandale qui faisait un si grand bruit dans la Mecque. Ils emportèrent tous son nom pour le semer sur leur route, dans les parties de l'Arabie, où il ne serait jamais parvenu sans la vaine prudence de ses ennemis, et un certain nombre emporta aussi ses doctrines.

XXIII.

Les Coraischites se vengèrent sur les obscures disciples de Mahomet de la rage qu'ils n'osaient assouvir sur lui-même. La dérision, le dédain, la raillerie, ces premiers supplices des vérités, l'assaillirent impunément toutes les fois qu'il sortait pour prier et même dans sa demeure. Ses voisins, qui dominaient du haut de leurs toits en terrasse la cour intérieure de sa maison, lui jetaient des immondices sur la tête, quand il s'y recueillait pour faire ses ablutions ou ses prières. Les femmes, toujours plus acharnées aux vieilles superstitions et plus souples aux insinuations des sectes régnantes, se signalèrent, parce qu'elles étaient plus sûres aussi de l'impunité, par leurs ignobles persécutions contre le blasphémateur de leurs idoles. L'une d'entre elles, dont l'histoire a gardé le nom, véritable mégère de la Mecque, était Djemil, femme de Lahab, le plus proche voisin de Mahomet. Cette femme allait tous les jours cueillir dans la campagne les plantes épineuses dont le dard ensanglante la bouche du chameau ; elle en semait, toutes les nuits, le seuil de la porte de Khadidjah, afin que la terre elle-même déchirât les pieds nus du prophète quand il sortait de sa maison. Des hordes apostées de femmes et d'enfants se relayaient pour le poursuivre de leurs malédictions et de leurs huées dans les rues et jusque dans l'enceinte du temple. Les grands, plus contenus dans leur haine, se contentaient de s'écarter de lui comme d'un lépreux, quand il traversait le parvis extérieur de la Cabah, lieu ordinaire de leurs réunions. Un jour qu'il avait entendu gronder leurs murmures plus haut qu'à l'ordinaire pendant qu'il faisait sept fois le tour du temple, selon les rites, il s'approcha d'eux, après avoir prié, et leur présentant humblement sa tête : « Je vous apporte, leur dit-il, une victime à immoler ! » Quelques-uns d'entre eux furent touchés de cette résignation, désarmés de leurs haines. « Retire-toi, père d'Elkacim, lui dit généreusement un d'entre eux, nous savons t'estimer et te respecter. »

D'autres moins tolérants, le lendemain, s'élancèrent sur lui à sa sortie du temple avec des visages implacables et des mains levées. « C'est donc toi, misérable, lui dirent-ils, qui accuses nos pères d'erreur et nos divinités d'impuissance? — Oui, c'est moi qui dis cela, répondit intrépidement le prophète ! » A ces mots, ils le saisirent au cou, comme pour étouffer le blasphème dans la gorge du blasphémateur. Il allait périr sous leurs coups, quand Abou-Bekr, son disciple, se jette courageusement entre lui et ses bourreaux et l'arrache déchiré et sanglant à la mort. Mais les Arabes savaient par combien de meurtres un crime se rachetait sur les assassins. C'est cette loi du sang pour le sang qui paraît seule avoir préservé si longtemps Mahomet d'une mort sans cesse suspendue sur sa tête. Mais cette loi ne le protégeait pas contre les autres sévices ; ils faisaient de l'existence du prophète dans sa patrie un long martyre, que n'adoucissait aucune consolation de ses compatriotes.

Il raconte lui-même que son cœur défaillait en lui sous la pression d'une animadversion si universelle. Un soir qu'il avait passé toute la journée dans la ville, occupé à prêcher à des sourds les convictions dont il était plein et qu'il croyait de son devoir de répandre à tout prix, même sur le rocher, il rentra dans sa maison, dit-il, sans avoir rencontré un seul être, homme ou femme, libre ou esclave, qui ne l'eût traité d'imposteur, ou qui eût consenti seulement à prêter l'oreille à ses prédications. Cette incrédulité générale de ses doctrines le fit presque douter de lui-même. Il paraît avoir éprouvé ce jour-là cette agonie intérieure des idées prêtes à mourir en nous, faute de trouver dans les autres cet écho même solitaire qui leur confirme au moins leur identité. Il rentra silencieux, consterné, découragé, s'enveloppa la tête de son manteau, se coucha sur sa natte et s'endormit. L'inspiration, plus obstinée que la surdité du peuple, le visita pendant son sommeil. Il entendit une voix qui lui criait dans le cœur : « O toi qui t'enveloppes d'un manteau pour dormir, lève-toi et prêche ! » Il se leva avec le jour et sortit pour prêcher, comme s'il eût fait, la veille, une moisson d'âmes.

L'excès des outrages dont il fut assailli lui valut un retour momentané de respect. Insulté sur la colline de Safa, où il était allé faire sa prière, une femme, témoin à distance de l'insulte, désigna l'insulteur à un des oncles de Mahomet, nommé Hamza. Hamza revenait de la chasse et tenait son arc à la main. Il se rendit tout armé à l'assemblée des grands ennemis de Mahomet, et y ayant rencontré celui qui avait lancé des pierres à son neveu pendant son oraison, il lui reprocha sa lâcheté et lui donna un léger coup de bois de son arc sur la tête. L'indignation avait retourné l'âme d'Hamza et lui fit professer, par défi, les doctrines qu'une si odieuse persécution rendit tout à coup intéressantes à ses yeux. Comme les hommes généreux, il adopta la foi nouvelle, non parce qu'elle était vraie; mais parce qu'elle était faible. « Lâche, dit Hamza à l'insulteur, tu oses lapider Mahomet parce qu'il annonce une religion que je professe moi-même. Attaque-toi donc à moi, si tu l'oses. » Le coupable repentant confessa sa faute. Ses amis voulant le défendre contre Hamza : « Non, dit-il, ne le touchez pas, j'ai eu tort d'insulter violemment le fils de son frère. » La conversion d'Hamza consola et fortifia le prophète.

XXIV.

Les vieillards coraischites, adoucis, entrèrent en négociation amicale avec lui, pour neutraliser l'effet de son apostolat sur la jeunesse. Ils le convièrent à une assemblée dans le parvis de la Cabah, et l'un d'eux lui dit au nom de tous : « Fils d'Abdallah qui fut mon ami, tu es un homme éminent par ta naissance et par les dons de Dieu. Bien que tu introduises le trouble dans ta patrie et la dissension dans les familles, que tu blasphèmes nos divinités et que tu accuses d'erreur nos ancêtres et nos sages, nous voulons en agir envers toi avec les égards que méritent ton nom et tes vertus. Écoute les propositions que nous avons à te faire, et réfléchis s'il ne te convient pas d'accepter l'une de ces mesures de paix. — Parle, dit Mahomet attentif, je t'écoute. — Fils de mon ami, reprit le négociateur, si l'objet de ta prédication est d'acquérir des richesses, nous nous cotiserons tous pour te faire une fortune supérieure à ce que posséda jamais le plus opulent des Coraischites. Si tu tends à la domination, nous allons te nommer notre sayd, notre régulateur suprême, et nous ne prendrons pas une seule résolution contre ta volonté. Si l'esprit qui t'apparaît t'obsède et te subjugue, malgré toi, tellement que tu ne peux te soustraire à son influence, nous allons appeler à la Mecque les médecins les plus consommés de la Syrie, et nous leur prodiguerons l'or sans le compter pour qu'ils te guérissent.

« — Est-ce tout? demanda Mahomet. — Oui, dit le vieillard. — Eh bien! écoute à ton tour, dit l'inspiré.

« Au nom de Dieu clément et miséricordieux!

« Voici ce qu'il a révélé :

« Il a révélé un *koran* (une écriture) dont les versets distincts, réunis en suite, forment un livre arabe pour les hommes qui en ont l'intelligence.

« Ce livre contient des promesses et des menaces, mais la plupart refusent de l'entendre.

« Nos cœurs, disent les Arabes, sont fermés, nos
« oreilles sourdes à tes paroles. Laisse-nous croire
« et prier selon la coutume de nos ancêtres, et
« crois et prie toi-même comme tu voudras. »

« Mais le Dieu clément et miséricordieux me parle. Dis-leur : « Je ne suis qu'un homme comme vous,
« mais un homme à qui il a été révélé que le Dieu,

« votre maître, est un Dieu unique. Malheur à ceux
« qui lui associent d'autres dieux! Malheur à ceux
« qui repoussent le précepte de l'aumône et qui nient
« la vie future! Donnerez-vous des égaux à l'infini? Il
« a appelé le ciel et la terre, et ils ont répondu : Nous
« voilà pour obéir! La rétribution des ennemis de
« Dieu, c'est le feu! Des anges portent à l'adorateur
« du Dieu unique, au juste mourant, des promesses
« consolantes; ils lui annoncent le jardin des dé-
« lices! »

Après cette profession de l'unité de Dieu et des rémunérations futures, selon les œuvres, Mahomet se prosterna comme devant les paroles divines que l'esprit avait fait proférer à ses lèvres. « Tu as entendu, dit-il au vieillard chargé de négocier avec lui, prends maintenant toi-même le parti qui te conviendra. »

Le vieillard, nommé Otba, se retourna avec le visage ravi d'étonnement vers ses amis. « Par nos dieux, leur dit-il, il vient de proférer des paroles telles que je n'en entendis jamais! Ce n'est ni de la poésie, ni un langage cabalistique, mais c'est quelque chose qui tombe de haut sur l'esprit et qui remue le cœur en le pénétrant. Croyez-moi, laissons-le librement convaincre les Arabes de sa mission. Quelque fidèle d'une tribu étrangère vous en délivrera peut-être, si sa destinée est de périr; si Mahomet, au contraire, réussit dans son apostolat, sa puissance deviendra la vôtre et fera, à jamais, la gloire de votre tribu. — Il t'a ébloui toi-même, lui dirent-ils avec incrédulité. — Je vous dis franchement ce que je pense, répliqua Otba. »

XXV.

La négociation, rompue ce jour-là, fut reprise le lendemain entre Mahomet et les mêmes hommes politiques de la tribu. On enchérit encore sur les offres qu'on lui avait faites pour acheter au moins son silence.

« Écoutez! dit Mahomet, je ne suis pas ce que vous croyez : je ne suis ni un homme avide des biens terrestres, ni un ambitieux altéré de pouvoir, ni un malade possédé d'un esprit convulsif, je suis un organe de Dieu *Allah* (c'était déjà, en Arabie, le nom du Dieu de l'infini, le Dieu sans images) qui m'a inspiré un koran, une écriture, un livre, et qui m'a ordonné de vous enseigner ses récompenses ou les peines qui suivent les actes bons ou mauvais des hommes. Je vous transmets les paroles que Dieu me fait entendre; je vous avertis; je vous préviens. Si vous recevez ce que je vous apporte, ce sera votre félicité dans le monde et dans la vie future; si vous rejetez mes enseignements, je prendrai patience, j'attendrai que Dieu prononce entre vous et moi!»

Ces paroles les émurent et cette confiance les ébranla. « Eh bien! Mahomet, lui dirent-ils à demi convaincus, mais voulant, comme des hommes charnels, des témoignages charnels des vérités de l'esprit, donne-nous, si tu dis vrai, des preuves de ta mission; notre vallée de la Mecque est étroite et aride, élargis-la en écartant ces montagnes qui l'enserrent, fais-y couler un fleuve pareil aux eaux courantes de l'Irak en Syrie, ou tout au moins fais sortir de ces sépulcres quelqu'un de nos ancêtres endormis dans la terre, par exemple notre aïeul Cossayr, fils de Kilab, cet homme dont la parole avait l'autorité des lois; qu'il se lève, qu'il nous parle, qu'il nous dise de te reconnaître pour notre prophète, et nous te reconnaîtrons à sa voix!

« — Dieu, leur répondit Mahomet, ne m'a pas délégué pour de telles œuvres; il m'a suscité simplement pour vous annoncer les vérités du salut.

« — Au moins, lui dirent-ils, que ton Dieu nous fasse apparaître un de ses anges, pour nous commander de croire en toi! ou qu'il te dispense de venir, comme le moindre d'entre nous, acheter au marché le riz et les dattes nécessaires à la subsistance du jour, et dont tu te nourris comme nous!

« — Non, dit Mahomet, je me garderai bien de demander à mon Dieu de tels priviléges. Mon unique mission est de vous convertir à lui.

« — Eh bien ! que ton Dieu fasse donc écrouler sur nous son firmament, comme tu dis qu'il est en sa puissance de le faire, car nous ne croirons pas en toi ! Tout ce que tu nous annonces ne vient pas même de toi; ces choses t'ont été apprises par un certain Djabir. Apprends que nous défendrons jusqu'à la mort notre religion ; il faudra que les armes décident entre ton parti et le nôtre ! »

Ce Djabir, à qui les Arabes attribuaient les doctrines de Mahomet, était cet orfèvre chrétien de la Mecque qui passait pour l'inspirateur caché d'une religion si semblable au christianisme, et qui ordonnait déjà de vénérer le Christ comme le plus divin des révélateurs, le prophète des prophètes, le Verbe de Dieu.

XXVI.

Indépendamment de la similitude des deux morales, il y avait tant de similitude dans ce commencement de la mission de Mahomet, entre la profession de foi du koran et la profession de foi du chrétien dans l'Évangile, que les premiers sectateurs de Mahomet à la Mecque s'étant réfugiés, pour fuir la persécution, en Abyssinie, les Abyssiniens déjà convertis au christianisme reçurent les mahométans comme des demi-chrétiens.

« Qu'est-ce que cette religion nouvelle pour laquelle vous fuyez votre patrie? demanda aux réfugiés coraischites le roi d'Abyssinie en présence de ses évêques. — Nous étions plongés dans les ténèbres, répondirent les Arabes, un homme illustre et vertueux de notre race est venu; il nous a enseigné l'unité de Dieu, le mépris des idoles, l'horreur des superstitions de nos pères, il nous a commandé de fuir les vices, d'être sincères dans nos paroles, fidèles à nos promesses, bienfaisants à nos frères; il nous a interdit d'attenter à la pudeur des femmes, de dépouiller les veuves et les orphelins; il a prescrit la prière, l'abstinence, le jeûne, l'aumône. — C'est comme nous, dit le roi. Pourriez-vous nous répéter de mémoire quelques-unes des paroles mêmes de cet apôtre qui vous a enseigné sa religion? — Oui, » dit le Coraischite, et il récita un chapitre du koran où le miracle de la naissance de Jean, fils de Zacharie, est raconté dans le style même des Écritures. Le roi et les évêques, ravis d'étonnement et d'édification, mouillaient leurs barbes de larmes d'émotion. « Voilà, dirent-ils, des paroles qui semblent couler de la même source que celles de l'Évangile! » Ils demandèrent aux réfugiés coraischites : « Que pensez-vous de Jésus? » Djafar, fils d'Abou-Thaleb et cousin de Mahomet, répondit par ce passage du koran : « Jésus est le serviteur de Dieu, l'envoyé du Très-Haut, son esprit, son VERBE qu'il a fait descendre dans le sein de la vierge Marie! — Miracle! s'écrièrent le roi et ses évêques, entre ce que tu viens de dire du Christ et ce qu'en dit notre religion, il n'y a pas l'épaisseur de ce brin d'herbe de différence! Allez et vivez ici en paix. »

XXVII.

La modération et la sagesse de Mahomet dans ses réponses ne firent qu'accréditer la science du prophète. Les chefs coraischites virent que le seul moyen d'étouffer sa voix était de la laisser se perdre dans le vide. Ils se retirèrent de lui et ordonnèrent au peuple de s'éloigner dès qu'il ouvrirait la bouche. Cette excommunication des grands, des prêtres et du peuple, isola le prophète dans sa patrie. Il n'eut d'autre moyen de continuer sa prédication que le chuchotement qu'on ne pouvait surprendre sur ses lèvres. Quand il se rendait au temple pour prier, il priait à demi voix, afin que les jeunes gens qui étaient les plus rapprochés de lui sur le parvis entendissent et retinssent ses prières. C'est ainsi qu'il leur enseignait comment il fallait adorer et servir le Dieu unique. Ce mystère ajouta à sa doctrine le sel de la confidence dérobée. Ses persécuteurs eux-mêmes ne résistèrent pas toujours à la curiosité. Trois des plus acharnés contre le prophète se rencontrèrent une nuit, sans s'être concertés, sur une terrasse voisine de la maison de Mahomet, d'où l'on pouvait l'entendre murmurer ses prières dans sa cour. Ils se reconnurent et se reprochèrent mutuellement leur infraction à l'excommunication du mépris qu'ils avaient portée contre le prédicateur. Ils se séparèrent en jurant de ne pas retomber dans cette faiblesse. Mais, la nuit suivante, chacun des trois, croyant tromper les autres, y revint en secret et s'accusa honteusement de parjure. Il en fut de même la troisième nuit. « Qu'as-tu ressenti en toi en écoutant furtivement ses prières et ses professions de foi? demandèrent-ils au plus sage d'entre eux. — J'ai compris et admiré certaines paroles, répondit l'ennemi du prophète, les autres ont passé au-dessus de mon esprit. — C'est une honte pour nous, dirent-ils en s'en allant, de permettre qu'il sorte de la famille d'Abou-Thaleb un révélateur dont la gloire enorgueillira cette famille et la placera au-dessus de nous tous! »

Un des disciples, pressé par le zèle du martyre, jura d'enfreindre seul les défenses de professer l'islamisme. Il s'avança hardiment sur la place et récita les premiers versets du koran :

« Dieu a créé l'homme!

« Le soleil et la lune suivent la ligne tracée par son doigt!

« Les plantes et les arbres l'adorent... » On l'interrompit par des vociférations et par des huées; on se précipita sur lui, on déchira ses habits, on le frappa sur la bouche. Il revint déchiré et sanglant au groupe des fidèles. « J'ai été frappé, dit-il, mais je les ai forcés d'entendre quelques lettres du livre inspiré ! » La persécution suivit cette témérité du disciple. On étendait les néophytes sur le dos, le visage tourné vers le soleil brûlant du désert, avec un bloc de pierre sur la poitrine pour leur empêcher la respiration. « Vous resterez ainsi, leur disait-on, jusqu'à ce que vous reniiez l'imposteur qui vous persuade un autre Dieu que celui de nos pères. — Il n'y a qu'un Dieu, répondaient les victimes. » Beaucoup moururent dans cette torture sur la colline de Ramdhà. Mahomet, que sa haute naissance et la terreur du ressentiment de sa famille protégeaient seul contre ces châtiments, passait auprès des suppliciés, leur adressait des encouragements et des consolations ! « Courage, leur criait-il, le paradis vous attend ! »

XXVIII.

Cependant le spectacle des sévices et des supplices subis sous ses yeux pour sa cause par ses sectateurs moins protégés que lui consternait et humiliait le philosophe. Il les engagea lui-même à fuir la fureur de leurs concitoyens et à chercher une terre où l'on pût sans crime adorer le Dieu immatériel. Une première émigration sortit de la Mecque. Les émigrés se dirigèrent, les uns vers Yatreb ou Médine, ville où l'on tolérait les Juifs, les autres vers l'Abyssinie où le peuple était chrétien. Mahomet resta pour surveiller et accroître la moisson des âmes qui mûrissaient une à une sous la chaleur de ses prédications.

Ce fut l'époque de la conversion d'Omar qui devait être un jour le khalife et le conquérant de l'Égypte. Omar, fils d'une des plus puissantes maisons de la Mecque, avait une sœur mariée à Sayd, disciple secret de Mahomet. Le fougueux Omar se leva un jour de son tapis sur le parvis de la Cabah, disant qu'il fallait en finir avec un homme qui infectait l'esprit et le cœur des familles et qu'il allait tuer Mahomet. « Que vas-tu faire? lui dit un de ses parents qui penchait en secret lui-même vers la foi nouvelle et qui voulait préserver la vie du maître. Si tu veux châtier les infidèles, commence donc par tes proches; ne sais-tu pas que ton beau-frère Sayd et ta sœur Fathimah pratiquent à l'ombre de leur maison la nouvelle foi? »

Omar, pressé de s'assurer de l'infidélité de Fathimah et de Sayd, court à leur demeure. Il les surprend dans la compagnie d'un néophyte qui leur lisait et leur interprétait le Koran. Au bruit de ses pas, le néophyte se dérobe comme un criminel, Fathimah cache sous le tapis les feuilles du livre; mais Omar qui avait entendu du seuil le bourdonnement d'une lecture à demi-voix : « Que lisiez-vous là, leur demande-t-il? — Rien, répond Fathimah. — Vous mentez, réplique Omar, vous lisiez le livre proscrit, et, se précipitant sur Sayd, il le terrasse aux pieds de sa sœur. — Eh bien! oui, s'écrie Fathimah indignée, et, se jetant entre son mari et son frère, oui, nous sommes adorateurs du Dieu unique, nous croyons à Dieu et à son prophète, massacre-nous si tu veux! » L'intrépide Fathimah involontairement blessée dans la lutte par Omar, arrose de son sang les mains de son frère. A la vue de ce sang, Omar se trouble et s'attendrit, il s'excuse. « Montre-moi seulement, dit-il à sa sœur, le livre que vous lisiez. — Je crains, lui dit-elle, que tu ne le déchires! » Omar fait serment de le respecter. Fathimah lui présente le feuillet qui définissait l'unité, la grandeur, la sainteté, la miséricorde d'Allah. « Que cela est beau, que cela est sublime! s'écrie Omar en lisant les versets du texte. » Le néophyte caché dans la chambre voisine, reconnaissant à ces exclamations que Dieu a retourné le cœur du jeune homme, sort de sa retraite, se montre à Omar et lui dit : « Hier, j'entendais prier le maître : Seigneur, disait-il, permets que l'islamisme soit fortifié par la conversion d'Omar qui vaudrait à lui seul une armée à ta cause! Le Seigneur l'a exaucé, le ciel sans doute te réserve pour être un des héros de sa foi; cède à l'admiration involontaire que tu éprouves, et embrasse avec nous la vérité! — Je cède, dit Omar, indique-moi où est le prophète. Je cours confesser mon erreur et me donner à celui que j'étais venu combattre! »

En ce moment, Mahomet enfermé avec quarante de ses sectateurs dans une maison isolée de la colline de Safa leur commentait sa doctrine. L'un d'eux, aposté en sentinelle pour avertir le cénacle de l'approche des infidèles, regarde par une fente de la porte. « Voilà Omar armé de son sabre nu, s'écrie-t-il, il frappe à la porte. — Ouvre-lui, répond Mahomet. » Les disciples tremblent, le prophète s'avance vers Omar, l'amène au milieu du cercle par le pan de son manteau : « Que viens-tu faire? lui dit-il d'une voix de reproche, voudras-tu donc persévérer dans ton impiété jusqu'à ce que la colère du ciel éclate sur toi? — Je viens, répond humblement le féroce Omar, confesser Dieu et son prophète! » La terreur des croyants se changea en joie et en bénédictions. Omar, pressé de laisser transpirer sa conversion parmi les Coraischites, sans l'avouer lui-même, se rend en sortant du cénacle chez un des leurs fameux par son empressement à donner le premier des nouvelles par la légèreté de sa langue et par son impuissance à garder un secret. « Écoute, lui dit-il, mais ne me trahis pas. Je viens de faire ma profession de foi secrète à l'islamisme! » Le semeur de nouvelles court aussitôt au parvis de la Cabah, cercle habituel des oisifs de la Mecque, en criant à haute voix qu'Omar vient d'apostasier les idoles et qu'il est perverti comme les autres! « Tu mens, lui dit Omar survenant derrière le nouvelliste, je ne suis pas perverti, je suis converti, je suis musulman, je confesse qu'il n'y a pas d'autres dieux que le Dieu unique, et que Mahomet est le révélateur de Dieu! »

A cette impiété les Coraischites scandalisés se précipitent sur Omar. Il tire son sabre et se défend seul contre tous. Les vieillards s'interposent et rétablissent la paix. Jusqu'à ce jour, Mahomet seul osait venir faire ses prières dans le temple d'Abraham en face des idolâtres. Il avait l'habitude de se placer pour ses adorations entre l'angle du temple et la pierre noire incrustée dans le mur. Le lendemain, Omar osa y venir prier avec lui. La terreur de son sabre intimida les orthodoxes. Les croyants y vinrent derrière lui. Deux religions se disputèrent ainsi le même sanctuaire, le schisme du Dieu unique affronta ouvertement les faux dieux.

XXIX.

Bientôt les conservateurs indignés des vieilles superstitions signèrent une ligue offensive et défensive contre les familles infectées de la nouvelle foi, et surtout contre la famille d'Abou-Thaleb qui était celle du prophète, ligue absolument semblable à celle des Guise en France contre les hérétiques et qui fut scellée par le sang de la Saint-Barthélemy. C'était la septième année depuis que Mahomet prophétisait en Arabie. Les familles menacées où proscrites pour la foi se retirèrent avec le prophète dans une vallée à quelque distance de la ville. Elles y campèrent trois ans sous leurs tentes avec leurs troupeaux. Abou-Thaleb, l'oncle vénéré de Mahomet, bien qu'il n'eût pas fait profession de l'islamisme, était à leur tête. L'esprit de famille se substituait déjà à l'esprit de secte. La dissension d'abord religieuse devenait civile. Les tribus nomades du désert et quelques-uns de leurs alliés secrets dans la ville leur apportaient des vivres.

Cependant ces dissensions affaiblissaient les Coraischites devant les autres tribus. On négociait entre les deux partis pour la rentrée des exilés dans la ville. Un hasard favorisa la négociation. La feuille de palmier sur laquelle les ligueurs avaient écrit l'acte de la ligue était affichée depuis trois ans contre le mur de la Cabah. Les vers en avaient rongé le texte et les signatures en ne respectant que l'invocation du nom d'Allah qui était au sommet de la feuille. Ce miracle parut dégager les signataires de leur serment. Le vieux Abou-Thaleb respecté de tous vint traiter lui-même les conditions de son retour et du retour de sa famille dans la ville. Mahomet rentra avec les siens. Mais, peu de temps après, Abou-Thaleb son oncle et son protecteur mourut de vieillesse sans avoir ni condamné ni embrassé la foi de son neveu. Mahomet le pleura comme un fils. Mais bientôt la mort de la compagne de sa foi, de son bonheur et de ses tribulations, lui coûta des larmes plus amères. Son épouse unique et chérie, Khadidjah, mourut dans sa foi et dans son amour pour le prophète. La tristesse et le découragement s'emparèrent une seconde fois de l'apôtre. Son appui terrestre dans Abou-Taleb et son appui moral dans Khadidjah lui manquaient à la fois. Il sortit seul de sa maison et s'en alla à Taïef, capitale d'une peuplade voisine, espérant y trouver des cœurs mieux préparés à ses doctrines. Les grands de la ville s'assemblèrent pour l'entendre. Mais à peine avait-il ouvert les lèvres pour leur expliquer sa religion, que les sarcasmes éclatèrent contre l'inspiré de la Mecque. « Dieu n'avait-il pas d'autre apôtre que toi à nous députer? » lui dirent-il avec mépris. Un des auditeurs plus lettré que ses compatriotes le confondit par un dilemme qui rendit le prophète muet.

« Je ne veux pas discuter avec toi, lui dit cet homme à la langue adroite. Si tu es un inspiré, comme tu l'affirmes, tu es trop saint et trop grand pour que j'ose te répondre; si tu n'es qu'un imposteur, tu es trop vil pour que je m'abaisse à te parler! » Cette réponse parut victorieuse à la populace de Taïef, qui chassa Mahomet à coups de pierres hors de la ville. Les esclaves et les enfants le poursuivirent ainsi jusque dans la campagne. Il était obligé, quand la fatigue l'arrêtait, de s'accroupir et d'envelopper sa tête et ses jambes de son manteau pour amortir les coups de pierres qui pleuvaient sur lui. A la fin, une famille compatissante lui ouvrit son enclos pour s'abriter derrière des vignes, et lui permit de manger des raisins pour se désaltérer, jusqu'à l'heure des ténèbres où il reprit sa route vers la Mecque. Il n'osa pas non plus y rentrer avant d'y avoir imploré un protecteur pour sa vie. Il attendit longtemps la réponse refusée par tous sur le mont Hira. On ne peut mesurer le poids de douleurs que coûte ainsi à celui qui la porte, pour ainsi dire malgré lui, toute idée nouvelle apportée aux hommes! Des gouttes de sueur, des gouttes de larmes et des gouttes de sang marquent la trace du missionnaire de l'unité de Dieu sur ce sable de l'Arabie comme sur toute la terre. Dieu ne veut évidemment pas que sa vérité soit un don gratuit, il veut que ce soit aussi une conquête, et c'est là la gloire de la vérité et le mérite de l'homme!

XXX.

Mahomet avait perdu sa parole et sa peine depuis dix ans qu'avait duré sa mission. Plusieurs fois des députés de Yatreb ou Médine, Juifs et Arabes, vinrent lui proposer un asile et une libre prédication dans leur ville. Bien qu'il entrât dans la cinquante-cinquième année de sa vie, il répugnait à quitter la Mecque, parce que c'était le centre le plus fréquenté et le plus retentissant de l'Arabie.

Son veuvage, la sévérité relative de ses mœurs dans un pays où la promiscuité des femmes existait sous la forme d'un concubinage illimité, sa longue union avec une seule femme plus âgée que lui et respectée par lui à l'égale d'une tutrice de sa vie et d'une confidente de sa mission, lui avaient conservé la sensibilité du cœur et la séve ardente de la jeunesse. Le même foyer d'imagination qui allumait en lui l'extase allumait l'amour. Cette double puissance venant de la même source confondait en lui la foi et la volupté. Ce penchant pour les voluptés sensuelles, auquel les mœurs débordées des Arabes, le climat, l'exemple, la tradition des patriarches dans le désert, la loi de Moïse même, et sa propre nature ne lui donnèrent pas la pensée de résister, fut la faiblesse dominante de son caractère et devint le vice et la ruine de sa législation. Les Arabes épousaient et répudiaient autant de femmes que le caprice, l'inconstance ou le dégoût les autorisaient à en flétrir. Mahomet crut faire assez pour la réhabilitation de cette moitié du genre humain, en consacrant l'union des sexes par un lien religieux et presque indissoluble, mais il ne crut pas faire trop pour rendre sa loi compatible avec la licence des Arabes, en les autorisant à épouser jusqu'à quatre femmes légitimes, quand leur fortune leur permettrait d'assurer convenablement leur vie et leur rang d'épouses. La chaste et sévère unité du mariage chrétien, la plus anti-sensuelle, mais la plus morale et la plus civile des conséquences du christianisme qu'il avait sous les yeux en Syrie, fut écartée par Mahomet de sa législation comme trop incompatible avec les habitudes de son peuple, ou comme trop austère pour sa propre sensualité. Il oublia que, dans une législation religieuse, tout ce qui veut paraître divin doit être de nécessité surhumain, et qu'il n'est pas permis à un législateur inspiré de faire de la faiblesse humaine la concession d'une vertu. L'égalité réciproque des droits et des devoirs dans les rapports des deux sexes entre eux n'étant que la première de toutes les vertus, la justice, Mahomet violait la justice, maintenait l'inégalité des devoirs, continuait la dégradation de la moitié de l'espèce humaine, privait de femmes légitimes les deux tiers des hommes pauvres, favorisait le débordement des riches, privait d'époux pour leur donner des maîtres les deux tiers des femmes, et jetait la confusion dans les sentiments et dans les hérédités des familles, en proclamant, non le précepte, mais la tolérance de la polygamie chez les croyants. Il est vrai que le législateur religieux de l'Arabie imposait à la sensualité de son peuple les deux plus pénibles privations des sens qu'on puisse imposer aux hommes pour prévenir en eux les tentations et les occasions de crimes et de vices, la séquestration des femmes de la société des hommes, et l'abstinence du vin et de toute boisson fermentée. De ces deux préceptes du Koran, l'un préservait l'innocence en sevrant les yeux de la beauté d'un sexe, l'autre préservait la raison en sevrant les lèvres de l'ivresse, ce délire de l'âme. Il est vrai encore qu'il leur prescrivait des prières assidues et renouvelées à tous les pas du soleil dans les cieux, des jeûnes complets de quarante jours, deux fois dans l'année, des proscriptions d'aliments charnels rigoureuses, des ablutions d'eau ou de sable incessantes, des silences, des recueillements, des abnégations de volonté ascétiques empruntées à la règle des monastères de l'Inde ou des couvents chrétiens ; il est vrai enfin qu'il commençait hardiment l'émancipation et la dignité morale de la femme, en leur reconnaissant l'égalité d'âme et de destinée immortelle avec les hommes, en les admettant parmi ses disciples, en interdisant de les immoler à leur naissance selon le meurtre usuel du désert, en enseignant aux Arabes de respecter en elles leurs mères, leurs filles, leurs épouses, les plus belles et les plus saintes créatures d'Allah. Mais il n'osa pas ou il ne voulut pas couper le vice à sa racine dans le précepte divin de l'unité conjugale. Il ne fit ainsi que rétrécir le désordre et murer la licence dans l'intérieur de la maison, au lieu de l'anéantir dans le cœur même des Arabes. Ce fut le scandale de son Koran, le cri du genre humain contre la divinité de son livre, la supériorité du christianisme sur sa législation, la condamnation future de sa doctrine sociale. Cette complaisance pour les sens lui coûta l'esprit de l'univers.

XXXI.

Le mariage avec plusieurs femmes parmi les tribus arabes était aussi, il faut le reconnaître, autre chose qu'une brutale sensualité. C'était un lien de parenté, un gage d'alliance politique entre les familles principales d'une même ville ou d'une même tribu, pour s'assurer par cette consanguinité, l'amitié, la fraternité, l'appui des tentes ou des maisons où l'on prenait une femme. Les épouses étaient des otages que les familles se livraient réciproquement; les mariages illimités, les moyens de s'acquérir des adhésions et des alliances. Une femme était un traité.

C'est ce qui paraît avoir décidé Mahomet, plus encore que la volupté, dans le choix des épouses qu'il se donna après la perte de Khadidjah. C'était le moment où pour soutenir sa doctrine proscrite il avait besoin de se soutenir lui-même dans la Mecque par des alliances avec les familles de ses ennemis indécis ou de ses disciples les plus affiliés. Cette conjecture se trouve vérifiée par l'âge des deux femmes qu'il épousa à la fin de cette année de veuvage. La première, Saudah, fille des Aboucays, maison illustrée par les poëtes de ce nom, touchait à peine à l'âge nubile: la seconde, Aichah, fille d'Abou-Bekr son disciple, si célèbre par sa beauté mâle et par son élégance martiale, n'était pas encore sortie de l'enfance. Aichah n'avait que huit ans. Ce fut plus tard l'épouse favorite du prophète déjà avancé en âge, mais toujours amoureux de son élève; Aichah, plutôt sa fille adoptive que sa femme, n'entra dans son cœur d'époux que plusieurs années après. Mahomet paraît l'avoir aimée par-dessus toutes les femmes, autant pour l'élévation de son esprit et pour sa fidélité que pour ses charmes célébrés par toutes les traditions de l'Arabie. Comme s'il eût été dans sa destinée, à cause de la disproportion de ses années avec ses épouses, de n'aimer alternativement d'un complet amour à contre-temps que deux femmes, la première, Khadidjah, comme sa mère, la seconde, Aichah, comme sa fille; ou comme si l'amour, pour être en lui plus absolu, avait eu besoin d'associer à l'attachement conjugal, pour la première le respect du fils, et d'associer à l'attrait pour la seconde la paternité de l'époux.

XXXII.

Ses sens exaltés par l'extase des voluptés le transportèrent à cette époque de sa vie, par un évanouissement ou par un songe comme celui de la caverne, dans le ciel de son imagination, où il s'entretint avec les patriarches, pères de sa foi. Il rêva que sa jument, célèbre dans le désert par la rapidité de sa course, l'emportait sur la poussière des soleils dans les jardins (paradis) du firmament. Il raconta en poëte ce qu'il avait vu en extatique. Son paradis, rêve d'un cœur sensuel, rassembla tout ce qui, dans le monde futur, répondait le mieux aux félicités d'un peuple guerrier, méditatif, pasteur et voluptueux dans le présent, un oasis ou jardin, où l'ombre, les eaux, les fleurs, les fruits, les oiseaux chantants berçaient l'éternelle oisiveté d'une existence sans travail, et où des vierges ou épouses célestes d'une beauté divine prodiguaient aux élus l'ivresse renaissante de l'amour.

Cette extase racontée naïvement à la suite de son

voyage imaginaire dans le ciel, réjouit ses ennemis. Ils trouvèrent ou la simplicité trop puérile, ou l'artifice trop grossier. Le rire éclata dans la Mecque, à cette prédication. Les disciples mêmes s'en scandalisèrent. Ils supplièrent le prophète de n'en plus parler. « Non, dit-il, je trahirais celui qui m'a ouvert les cieux, si je renfermais dans un lâche silence les merveilles qu'il m'a permis de voir et d'entendre ! » Quelques-uns de ses néophytes sentirent les bornes de leur foi et se retirèrent de sa secte. Ali persista malgré les railleries de ses amis. « Mahomet, dit-il, ne saurait mentir. Puisqu'il le dit, je l'atteste. » Cette fidélité à l'absurde lui mérita le surnom de Croyant sur parole.

XXXIII.

La fortune sembla vouloir compenser pour Mahomet la désertion de ses disciples que lui avait coûtée son intempestive révélation. A la fin de l'année qui était la douzième de sa prédication, soixante-quinze néophytes d'Yatreb, choisis parmi les grands du pays, furent amenés à la Mecque par un des missionnaires de Mahomet pour prêter serment au révélateur. Ces soixante-quinze croyants étaient campés avec la caravane des pèlerins, aux portes de la ville. Ils s'échappèrent, pendant la nuit, du camp, sans réveiller leurs compatriotes, et allèrent conférer avec Mahomet dans un lieu solitaire. Un traité fut juré, par lequel les grands d'Yatreb s'engageaient à recevoir Mahomet et ses disciples dans leur ville, à lui obéir comme à l'organe de Dieu sur la terre et à mourir, au besoin, pour sa défense. « Que nous promets-tu en retour, lui dirent-ils? — Le paradis, répondit le prophète. — Mais si nous parvenons à faire triompher ta cause, ajoutèrent-ils, ne nous quitteras-tu pas un jour pour revenir habiter la Mecque, ta patrie! — Jamais, répondit Mahomet, je jure de vivre et de mourir avec vous! »

A l'exemple sans doute du Christ qui avait choisi douze apôtres pour semer sa parole, Mahomet choisit parmi eux douze missionnaires pour aller répandre au loin sa doctrine dans les tribus.

XXXIV.

Cependant ce traité nocturne entre les chefs d'Yatreb et de Mahomet transpira après le pèlerinage dans la ville. Les sectateurs du prophète, suspects de trahison contre leur patrie, furent forcés de s'éloigner furtivement un à un de la Mecque et de se réfugier à Yatreb. Mahomet, quoique exposé tous les jours à la mort, refusa de les suivre tant qu'il n'aurait pas, disait-il, reçu l'inspiration de Dieu sur l'heure de sa fuite. Abou-Bekr, père de la jeune Aichah, et Ali qui touchait à sa vingtième année restèrent seuls auprès de lui pour le défendre. Les Coraischites, après avoir délibéré sur le parti qu'il fallait prendre pour se délivrer ou de la présence ou du retour armé de ce dangereux compatriote, chargèrent quelques assassins d'assaillir sa maison et de le tuer la nuit suivante. Une indiscrétion ou un pressentiment avertit le prophète. Il charge son disciple chéri, le jeune Ali, d'aller restituer, le soir, tous les dépôts que les Coraischites, même idolâtres, avaient confiés à sa maison par conviction de sa probité. Ali exécute l'ordre de son père adoptif. « Maintenant, lui dit Mahomet, enveloppe-toi de mon manteau et couche-toi sur ma natte. Ne crains rien, nul ne te touchera! » Ali prend sans hésiter, au risque de mourir pour lui, le manteau et la place du prophète. Pendant ce sommeil simulé, Mahomet, se glissant inaperçu hors de sa maison dans les ténèbres, entre chez Abou-Bekr. « Dieu m'ordonne de fuir, lui dit-il! — Me permet-il de t'accompagner, lui répond Abou-Bekr? — Oui, répond Mahomet. » Abou-Bekr fond en larmes de reconnaissance de cette faveur. Deux chamelles de course et un guide préparés d'avance pour l'heure où Mahomet consentirait enfin à s'éloigner attendaient les fugitifs. Le maître et le disciple sortent à la faveur de la nuit. Ils atteignent une caverne du mont Thour, à trois heures de marche de la Mecque, du côté opposé de la route d'Yatreb où l'on supposait qu'ils chercheraient leur salut.

Pendant ce temps, les assassins apostés pour tuer Mahomet à sa sortie le matin s'entretenaient à voix basse sur le seuil. Les uns prétendaient qu'il les avait trompés et qu'il n'était plus dans sa maison; d'autres, regardant par une fente de la porte et voyant un homme enveloppé du manteau vert de Mahomet endormi sur sa natte, ne doutaient pas de tenir leur victime à son réveil. Cependant l'aurore se lève. Ali secoue son manteau et ouvre la porte. Les meurtriers consternés croient reconnaître dans cette substitution une intervention divine. Le bruit de l'évasion de Mahomet se répand dans la ville. Ses ennemis prennent toutes les routes pour l'atteindre. Quelques-uns de ses persécuteurs montent jusqu'à la caverne de Thour. Mais, en voyant un nid de colombes suspendu à l'entrée et une toile d'araignée intacte qui flottait sur l'ouverture de la grotte, il sont convaincus qu'aucun homme n'a pénétré de longtemps et ils s'éloignent. Mahomet et Abou-Bekr avaient eu la prudence de respecter le nid et de soulever la toile au lieu de la déchirer. Ils passent trois jours et trois nuits dans cet asile en attendant le guide et les chamelles. Esma, fille d'Abou-Bekr et sœur d'Aichah, leur envoyait la nuit du lait et des dattes. Aichah et la femme plus âgée du prophète avaient été laissées par lui dans sa maison. Le seuil des Arabes étaient toujours inviolable pour les femmes.

La troisième nuit, Esma elle-même amena le guide et les chamelles à la grotte. Les fugitifs, pour désorienter les poursuites, descendent vers la mer, au lieu de couper l'isthme par les montagnes, et suivent la plage qui contournait de loin le territoire d'Yatreb. Reconnus par un guerrier coraischite nommé Soracà, en traversant une tribu maritime, ils pressent le pas de leurs chamelles. Soracà monte à cheval et les poursuit la lance à la main pour gagner le prix qu'on a mis à leurs têtes. Abou-Bekr se trouble et veut descendre pour combattre à pied. « Ne crains rien, dit son compagnon, Dieu nous protége! » Au moment où Soracà va les atteindre, sa jument s'abat et roule avec son cavalier dans le sable. Soracà se relève, remonte sa jument et reprend sa course; la jument s'abat une seconde fois. Son maître remonte encore en selle, galope derrière les fugitifs et leur crie : « Arrêtez, je jure que nous n'avez rien à redouter de moi! — Que veux-tu donc, dit Abou-Bekr? — Je demande seulement, reprend le guerrier, que Mahomet me remette un mot de sa main, me reconnaissant pour un de ses disciples. » Abou-Bekr qui n'avait aucune feuille de palmier pour écrire ce témoignage de la conversion instantanée de Soracà, ramasse sur le sable un morceau d'os poli et blanchi au soleil. Mahomet y écrivit la profession de foi du Coraischite. Soracà plaça l'os dans son carquois et regagna sa tribu sans rien dire de sa course, de sa chute et de sa conversion. Cet os écrit par le prophète et représenté plus tard à Mahomet quand il rentra vainqueur à la Mecque fut la sauvegarde du nouveau converti.

XXXV.

Les habitants de Coba, village voisin d'Yatreb, attendaient le prophète. Il s'assit sous un palmier à l'entrée du village pour essuyer la poussière du chemin. La foule respectueuse se tenait à distance et se demandait lequel des deux était Mahomet. Nul n'osait les aborder dans cette ignorance, craignant de se tromper de personnage et d'offenser le prophète en prenant un de ses disciples pour lui. Mais le soleil qui montait dans le ciel ayant déplacé l'ombre du palmier et laissé la tête de Mahomet sous les rayons, Abou-Bekr se leva et étendant son manteau sur les branches il en fit une ombre plus large au front de Mahomet. Les curieux, à ce geste, distinguèrent le maître du disciple. Ils s'approchèrent et offrirent l'hospitalité à Mahomet.

C'est de ce jour de l'entrée du prophète sur leur territoire, 18 ou 19 juin de l'année 622 de Jésus-Christ, que date l'*hégire* ou la *fuite*, ère des Arabes et des musulmans.

XXXVI.

Ali, qui s'était échappé de la Mecque après avoir sauvé la vie de son maître, rejoignit le prophète dans le village de Coba. Le lendemain, Mahomet fit une entrée triomphale à Yatreb. Tous les habitants se disputant l'honneur de le recevoir, il s'en rapporta à l'instinct de sa chamelle, à laquelle il attribua la vertu divinatoire de choisir elle-même le seuil qu'il devait préférer. La chamelle, accoutumée à venir chargée des dattes au marché d'Yatreb, traversa toute la ville et ne s'agenouilla le poitrail en terre pour faire descendre son maître que sur un terrain vague hors des murs où les habitants avaient coutume d'étendre les dattes pour les sécher.

Le prophète ordonna de bâtir une mosquée à la place où il avait mis pied à terre, avec une maison pour lui et pour sa famille. Il y travailla de ses propres mains, assisté par les habitants d'Yatreb. « Quiconque travaille à cet édifice, leur dit-il, bâtit pour la vie éternelle. » La ville, après l'entrée de

Mahomet, changea son nom en l'honneur de son hôte et s'appela Médine, la ville de l'inspiré. Mahomet, reconnu pour chef spirituel et pour souverain par les principales tribus de la ville, fit un traité d'alliance avec les autres, en leur garantissant la liberté complète de leur religion. Les uns étaient chrétiens, les autres juifs, la majorité idolâtre, tous devinrent également ses sujets ou ses alliés. Les lois de police, de justice, d'égalité et de paix qu'il promulgua aussitôt qu'il eut pris possession de Médine, sont un code impartial autant que politique de tolérance et d'équité. Le proscrit, qui se souvenait encore alors des persécutions qu'il venait de subir pour sa foi, respectait justement et habilement encore celle des autres. Pour devenir fort, il se montrait magnanime.

XXXVII.

Il établit l'usage, qui subsiste encore aujourd'hui, d'appeler les fidèles à la prière par un signal qui confondît les vœux du peuple, aux mêmes heures, dans une même aspiration. On lui proposa d'abord les sons de la trompette qui appelait les juifs dans leur temple, puis la crécelle qui convoquait les chrétiens, avant l'invention de la cloche ; il préféra, après de longues hésitations, à tous ces appels matériels et inanimés qui n'ont pas conscience de la sainteté de leur convocation, la voix humaine, ce signal vivant, cet appel de l'âme à l'âme qui donne aux sons l'accent de l'intelligence et de la piété. Il institua des muezzins, serviteurs de la mosquée, choisis à l'étendue et à la sonorité de leur voix pour monter au sommet des minarets et pour chanter d'en haut sur la ville ou sur la campagne l'heure de la prière. Il donna, pour la première fois, cette fonction à un affranchi d'Abou-Bekr, son compagnon de fuite, à cause de la mélodie de sa voix. Il lui dicta l'antienne inaltérable de cette convocation répétée depuis par tant de milliers de bouches sur tous les minarets de l'Afrique, de l'Europe et de l'Asie : « Dieu est grand! J'atteste qu'il n'y a qu'un Dieu! Mahomet est l'apôtre de Dieu! Venez à la prière! venez au salut! Dieu est grand! Dieu est unique! Venez à la prière!

Il fixa en même temps le minimum d'aumône que chaque musulman serait tenu devant Dieu de donner aux pauvres pour racheter son droit de propriété et de privilége sur ses frères indigents. Cet impôt du ciel fut évalué par le législateur au dixième des choses possédées. Il corrigea ainsi par une prescription de charité, cette âpreté du gain, vice égoïste des Arabes, et nivela sans cesse et volontairement les inégalités de fortune par le perpétuel écoulement des aumônes. Cette loi religieusement observée dans tout l'islamisme servit constamment à y éteindre à la fois le scandale des richesses trop accumulées et le scandale des indigences trop criantes. Elle propagea aussi l'esprit de famille et les devoirs de fraternité dans tout le peuple.

XXXVIII.

Aussitôt que Mahomet se fut assuré ces asiles, ces fidèles et ces alliés, l'esprit de prosélytisme sembla se changer en lui en esprit de conquête. Le guerrier remplaça le prophète. La vengeance lui fit prendre les armes contre ses persécuteurs. Il enrôla quelques centaines d'hommes intrépides. Son armée ne comptait d'abord que trois cent soixante-quatorze combattants, montés sur soixante-quatorze chameaux. Deux drapeaux, l'un noir et l'autre blanc, étaient portés devant lui par Ali et par un habitant de Médine. Voilà l'armée qui allait changer la face du monde plus profondément que les armées d'un million d'hommes de Xerxès ou de Napoléon. Le nombre des combattants n'est pas la mesure des événements, c'est la cause. Un million de soldats, combattant pour l'ambition ou pour la gloire d'un conquérant, succombent sans laisser d'autre trace que leurs ossements sur la terre. Trois cent soixante-quatorze hommes, combattant pour l'idée désintéressée de l'unité de Dieu, conquièrent pour des siècles un tiers de l'univers à leur cause. La victoire, quoi qu'en ait dit un souverain matérialiste de ce temps, n'est pas aux gros bataillons; la victoire est à Dieu et à celui qui combat pour l'esprit de Dieu contre l'esprit corrompu des hommes.

XXXIX.

L'armée de la Mecque était commandée par un guerrier illustre, ennemi de Mahomet, nommé Abou-Sofyan. Instruit par ses espions de l'approche de Mahomet, Abou-Sofyan envoya demander des renforts. Son armée compta cent chevaux et mille guerriers. Le nombre n'étonna pas Mahomet. L'enthousiasme de ses soldats compensait leur infériorité relative.

Les deux armées furent bientôt en présence. Les Coraischites descendaient déjà des collines. Mahomet se plaça un peu à l'écart, sur une éminence, sous une cabane que ses soldats lui avaient construite et entourée de quelques chevaux de course propres à la charge ou à la fuite. Du haut de sa colline, il suivait tous les mouvements. Il envoya l'ordre à ses soldats de rester immobiles au poste qu'il leur avait assigné, de décharger leurs traits sur les chevaux des Coraischites, et de ne les charger eux-mêmes qu'après avoir épuisé leur première fougue. Puis, levant les bras au ciel, et mesurant le peu d'espace occupé par ses combattants, comparé à la nuée d'ennemis qui couvrait le flanc des collines : « Seigneur du ciel, s'écria-t-il, souviens-toi des promesses que tu as faites à ton serviteur! Si tu laisses périr cette poignée de fidèles, tu ne seras plus adoré en esprit et en vérité sur cette terre. » Son manteau glissa de ses épaules dans l'ardeur de son invocation. Abou-Bekr le remit sur son corps. « Assez! assez! prophète, Dieu ne manquera pas à ses paroles. »

Mahomet fut saisi d'une défaillance subite qui lui enlevait l'usage de ses sens. On attendit qu'il se réveillât de son évanouissement. Il en sortit avec une physionomie rayonnante d'espérance. « J'ai vu l'esprit de Dieu, dit-il, avec son cheval de guerre derrière lui. Il s'apprêtait à combattre avec nous. Quiconque aura combattu vaillamment aujourd'hui et mourra de blessures reçues par devant possédera le paradis. »

Un de ses gardes, assis auprès de lui à l'ombre de la cabane et qui mangeait des dattes, ayant entendu ces paroles, s'écria : « Quoi! il ne faut, pour posséder le paradis, qu'être tué par ces gens-là? » Et, jetant loin de lui ses dattes, il tire son sabre, s'élance dans la mêlée, tue cinq Coraischites et meurt satisfait lui-même en prenant au mot la parole de l'inspiré.

Un autre s'approche du prophète et lui demande quelle est l'action la plus capable de faire sourire Dieu de joie dans le ciel. « L'action d'un guerrier, lui répond Mahomet, qui se précipite au milieu des ennemis sans autre armure que sa foi. » Le soldat jette son bouclier, dépouille sa cuirasse, se précipite et meurt. Enfin Mahomet, épiant l'instant où la première fougue des cavaliers coraischites s'amortit contre l'immobilité de ses soldats, ramasse une poignée de sable et la lançant comme une malédiction visible du côté des Coraischites : « Chargez, musulmans, s'écrie-t-il. »

A ce signal, les musulmans longtemps contenue fondent comme une tempête sur les rangs rompus des infidèles. Liés les uns aux autres par l'enthousiasme et par la discipline, le poids de cette poignée d'hommes fait brèche partout où elle se porte dans la nuée disséminée et confuse des ennemis. Tout fuit ou tombe sous leurs coups. La plaine est jonchée de leurs cadavres ou de leurs cavaliers désarçonnés. On voit çà et là les vainqueurs ramenant les vaincus désarmés au pied de la colline du prophète. Un de ses officiers s'indigne de cette pitié qui laisse vivre des infidèles. Mahomet le gourmande et ordonne d'épargner les vaincus. A chaque instant, on lui amène des Coraischites connus par les persécutions qu'ils lui ont fait subir. Il leur pardonne, mais il s'informe avec sollicitude du plus irréconciable de ses ennemis, Aboudjal. « Cherchez-le sur le champ de bataille, dit-il à ses gardes. Vous le reconnaîtrez à une cicatrice qu'il s'est faite au genou en luttant dans sa jeunesse avec moi pour la place d'honneur dans un festin. Il tomba sous moi, et porte encore la trace de sa chute. » Abdallah s'élance, parcourt l'espace, reconnaît Aboudjal à sa cicatrice. Il expirait de ses blessures sur le sable. Abdallah lui met le pied sur la gorge pour l'achever. « A qui la victoire? demande seulement le mourant. — A Dieu et à son prophète, » répond le musulman en lui tranchant la tête d'un coup de sabre. Mahomet reçoit cette tête du vieillard et la contemple avec satisfaction. « Tu jures que c'est bien la sienne, dit-il à Abdallah. — Oui, je le jure. » Alors Mahomet se prosterne et rend grâce au ciel.

XL.

Son retour à Médine fut un triomphe. La victoire avait ratifié en lui le don de l'inspiration. Mais la douleur du père empoisonna la joie du guerrier. En entrant à Médine, on lui apprit la mort de sa fille Rocayà mariée à Othman. Il la pleura; mais ses larmes n'amollirent pas sa vengeance contre quelques-uns des prisonniers, ses ennemis personnels. L'humanité qu'il avait montrée sur le champ de bataille, après la victoire, céda en lui à ce ressentiment du proscrit, le plus amer des ressentiments politiques, et au ressentiment de l'inspiré contre l'incrédulité de sa mission, le plus cruel des ressentiments religieux. Il fit trancher la tête à un des Coraischites de qui il avait reçu à la Mecque les plus poignants outrages. « Qui recueillera mes pauvres enfants? lui dit le condamné sous le glaive. — Le feu de l'enfer, » lui répliqua Mahomet. Le surnom d'enfants du feu en resta aux fils de cette tribu. Jusque-là Mahomet ne s'était reconnu que le droit de prêcher le Dieu unique; dès lors il s'attribua le droit de frapper en son nom, et il vit, comme tous les sectaires, des ennemis de Dieu dans les siens. De prophète il se fit ce jour-là exterminateur. Cependant ces crimes sans pitié furent rares dans sa vie. « La nature, disait-il, n'avait pas pétri son cœur de haine. » La haine, en effet, pour lui n'eût été ni divine, ni politique. Dans le conseil tenu à Médine sur le massacre ou sur le pardon des vaincus, il se déclara contre ses lieutenants pour l'indulgence. Cette magnanimité lui conquit plus de partisans que la gloire.

XLI.

Il s'attribua, par inspiration divine, la possession exclusive et le partage des dépouilles, après les expéditions militaires, afin de solder ses combattants pontifes et guerriers à la fois. Ses décrets étaient reçus sans contestation par le peuple. Trois pouvoirs absolus, ceux de prophète, législateur et général, réunis sur sa tête, lui permirent d'être tout ensemble la conscience, la loi et la souveraineté des musulmans.

Ses expéditions parcoururent librement le désert, imposant sa foi et son alliance à de nombreuses tribus. Nous négligerons cette lente mais continuelle conquête qui rangeait peu à peu la moitié des Arabes sous sa domination. C'est l'histoire de la nation plus que celle de l'homme.

Chaque année augmentait son ascendant prophétique à Médine. Il continuait à publier une à une les prescriptions du Koran. Sa renommée, répandue de bouche en bouche avec ses lois dans le désert, amenait à Médine les cheiks de l'Arabie. Il conférait avec eux; il les éblouissait de son éloquence; il contractait paix et amitié avec leurs tribus; il n'imposait pas sa religion, il la conseillait, laissant chacun libre de se convertir ou de persévérer dans les traditions de ses pères. Il semblait avoir la patience de Dieu dans ses vues; il savait assez, comme philosophe et comme politique, qu'une fois le germe semé, il lèverait dans ce sable, et que la religion de la victoire et de la vérité serait tôt ou tard celle du plus grand nombre.

La religion, la législation, la guerre, l'âge même ne le distrayaient pas de l'amour. Il avait fait épouser une de ses parentes, Zaynab, célèbre par ses charmes et par son esprit, au jeune Sayd, un de ses plus chers disciples. Un jour que Sayd était absent, Mahomet entra dans sa maison pour lui donner un ordre. Zaynab, à demi-vêtue d'une mousseline transparente qui laissait voir la blancheur de sa peau et la grâce de sa taille, apparut dans toute sa séduction aux yeux éblouis de Mahomet. Il se retira saisi d'une invincible admiration en s'écriant : « Louange à Dieu, maître des cœurs! » Zaynab ayant raconté avec terreur à son mari la visite et l'exclamation de son père adoptif, Sayd comprit qu'il fallait choisir entre la répudiation de sa femme ou la rivalité du prophète. Il alla demander à Mahomet la permission de répudier Zaynab. Mahomet l'épousa malgré les préceptes du Koran qui défendent aux pères adoptifs d'épouser les veuves ou les femmes répudiées de leurs fils. Des fêtes splendides signalèrent ce mariage dans Médine. Mais Mahomet, instruit par sa propre faiblesse du danger de laisser éclater aux regards la beauté des femmes, interdit, à dater de ce jour, l'entrée de l'appartement de ses femmes aux étrangers. Il leur ordonna de tendre toujours un rideau entre elles et les hommes dans leurs chambres. « O croyants, écrivit-il dans le Koran, lorsque vous aurez quelque chose à demander aux épouses du prophète, ne leur parlez jamais qu'à travers un voile. »

Il signala, quelques jours après, son humanité envers ses ennemis de la Mecque. La ville, bloquée par une armée d'Arabes musulmans, périssait d'inanition. « Laisse parvenir les vivres à mes compatriotes, » écrivit-il au général qui affamait les Coraischites. La ville où il était né, pleine encore de ses parents et de ses disciples secrets, intéressait son cœur. Il ne voulait pas confondre les innocents et les coupables. Il partit lui-même à la tête de deux cents cavaliers pour surveiller l'exécution de ses ordres. Arrivé à l'endroit où il avait perdu sa mère, il y campa pour vénérer sa mémoire. Il pria et versa des larmes sur le tombeau d'Amina. Puis, tout à coup, se relevant avec effort, comme si le fanatisme avait combattu en lui la nature : « Non, dit-il, ne convient pas au prophète et aux croyants d'invoquer ainsi Dieu pour ceux qui ont adoré ses vaines images. » Réflexion cruelle contre lui-même, qui attestait cependant la sincérité et la férocité de

XLII.

Comme il s'éloignait du tombeau de sa mère, une femme bédouine, montée sur un dromadaire, accourait à lui. « Les ennemis, lui dit-elle, se sont emparés de mon troupeau que je faisais paître dans le désert. J'ai monté ce dromadaire et j'ai fait vœu de l'immoler devant toi à Dieu, si je parvenais à leur échapper par sa course. Je viens accomplir mon vœu. — Eh quoi! lui dit en souriant le prophète, ne serait-ce pas payer d'ingratitude le généreux animal à qui tu dois ton salut? Ton vœu est nul, car il est injuste; l'animal que tu m'as consacré n'est plus à toi, il est à moi; je te le confie; pars et va consoler ta famille. »

XLIII.

Ses premières relations avec l'empereur d'Orient, Héraclius, qui régnait à Bysance, datent de cette époque. Il envoya des ambassadeurs à cet empereur pour conclure un traité de commerce avec le peuple de Syrie, soumis à la domination romaine. Ses caravanes, en revenant de Syrie à Médine, ayant été attaquées, furent vengées par Sayd, son lieutenant, à la tête de cinq cents cavaliers musulmans. Sayd, blessé et rapporté par ses compagnons à Médine, y conduisit des tribus entières, prisonnières de guerre, pour y être vendues comme esclaves. Mahomet, du fond de son harem, entendit les lamentations des femmes et des enfants qu'on arrachait les uns aux autres pour les vendre en lots séparés, selon la convenance des acheteurs. Bien que sa législation n'eût pas aboli l'esclavage, subordination d'une caste à l'autre, aussi vieille que les mœurs guerrières et pastorales chez les patriarches, il tendait à le tempérer et à le transformer en une espèce de paternité et de tutelle légales qui font de l'esclave en Orient un client plus qu'une propriété de la famille. Il s'attendrit sur le sort de ces victimes de la guerre, et il défendit de séparer jamais les enfants des mères, et les femmes des époux, quand on vendrait des familles réduites en esclavage.

Une des esclaves conquises quelque temps après par Ali, fille d'un cheik opulent, renommée dans le désert par sa beauté et par ses talents, avait conclu avec Ali, son possesseur, une convention en vertu de laquelle elle se rachèterait de l'esclavage par une rançon de grand prix. Ne pouvant réunir à Médine la somme nécessaire à sa rançon, elle alla supplier Mahomet de lui prêter ce qui manquait au rachat de sa liberté. Mahomet, frappé de ses charmes, lui proposa de l'affranchir de ses propres trésors et de l'élever au rang de ses épouses. Elle y consentit. Les Arabes de Médine, convaincus que tous les esclaves de sa race auraient désormais une puissante protection dans le cœur du prophète, se hâtèrent de donner la liberté à tous les prisonniers de sa tribu.

XLIV.

Cependant Aichah, la fille d'Abou-Bekr, parvenue à la fleur de son adolescence et douée de tous les charmes de l'esprit et des grâces du corps les plus estimés des Arabes, l'élégance de la taille, la souplesse des attitudes, la majesté de la démarche, l'abandon de la chevelure noire, l'éclat humide des yeux *comme l'étoile dans le puits*, disaient leurs poëtes, était son épouse préférée. Elle régnait dans sa maison à titre de fille autant que d'épouse. Elle régnait sur son cœur par l'étendue et par la justesse d'un génie naturel qui s'était façonné dès l'enfance par le génie et sur l'éloquence du prophète. Elle était son conseil autant que son amour ; il trouvait en elle, à la fois, tout ce qu'un père pouvait rechercher dans sa fille, un mari dans sa femme, un inspiré dans son disciple. Les récits, les confidences, les *Mémoires* d'Aichah elle-même, transmis par sa bouche après la mort de Mahomet à l'histoire, attestent en effet dans l'esprit et dans le cœur d'Aichah tout ce qui pouvait rendre une femme digne de captiver le plus grand des hommes de son temps. Aucune favorite des souverains modernes de l'Orient ou de l'Occident, si ce n'est la célèbre Roxane, ne paraît avoir justifié par plus de charmes et par plus de séductions son empire sur celui dont elle était l'esclave. Un nuage troubla cependant quelques jours cette félicité, et jeta le doute et la tristesse dans l'âme de Mahomet sur la fidélité de sa favorite. Voici le récit des circonstances les plus secrètes de cette aventure par la bouche même d'Aichah.

XLV.

« Quand le prophète de Dieu, raconte Aichah, partait de Médine pour une expédition contre ses ennemis ou pour un voyage, il emmenait avec lui une de ses épouses. Elle le suivait, accompagnée de quelques unes de ses esclaves, enfermée dans une litière grillée et recouverte d'un voile, suspendue aux flancs d'un chameau. (C'est encore ainsi que voyagent les femmes des Arabes ou des Ottomans dans le désert.) Le sort, continue Aichah, était tombé sur moi pendant la campagne du prophète contre l'infidèle Abdallah. Quand on partait, le jour ou la nuit, je sortais de ma tente, je me dérobais, selon le précepte, aux regards des hommes, je me couchais dans ma litière, deux esclaves la soulevaient et l'attachaient aux flancs du chameau. Une litière pareille, occupée par une femme de ma suite, faisait contre-poids du côté opposé. Je pesais peu à soulever, car j'étais mince et légère à cause de ma tendre jeunesse et de mon extrême sobriété, vertu alors commune à presque toutes les femmes de l'Arabie.

« Au retour de cette campagne, et comme l'armée touchait à sa dernière station avant Médine, on fit halte à la chute du jour et on dressa les tentes pour se reposer pendant une moitié de la nuit. Avant le jour, le prophète donna le signal de lever le camp. Pendant que l'armée défilait à sa suite et qu'on pliait les bagages, je m'éloignai seule un moment dans la campagne. En revenant vers ma tente, je m'aperçus que j'avais perdu un collier d'onyx de Dhafar, détaché et tombé de mon cou pendant mon excursion. Je retournai vite sur mes pas pour le chercher dans le sable. Je perdis du temps pendant cette recherche ; enfin, ayant retrouvé mon collier, je revins en courant vers le camp. L'armée n'y était plus, ma tente était enlevée, mon chameau parti. Les esclaves chargés du soin d'attacher la litière l'avaient soulevée et attachée aux flancs de l'animal, sans même s'apercevoir au poids que je n'étais pas dedans. Quand j'arrivai, je ne trouvai plus personne ; interdite et épouvantée, je m'enveloppai dans mon voile, et je m'assis à terre espérant qu'on s'apercevrait bientôt de mon absence et qu'on accourrait pour me chercher. Il n'en fut rien, on continua la marche sans soupçon de la litière vide.

« Pendant que je me consumais ainsi dans l'attente, le fils de Moatal-Safwan, monté sur son chameau, passa près de moi. Il me reconnut pour m'avoir vue bien souvent dans la maison du prophète, avant le temps où le Koran nous défendit de nous laisser regarder par les étrangers. Il fit une exclamation d'étonnement à Dieu et s'écria : « Est-il pos-
« sible? C'est la femme du prophète!

« Il descendit de dessus son chameau, le fit agenouiller devant moi et me pria de monter à sa place. Je jure par le ciel qu'il ne me dit pas un mot de plus. s'éloigna respectueusement à l'écart pendant que je montai sur son chameau, puis il prit la longe du licou de l'animal et marcha en silence devant moi. Nous ne pûmes rejoindre l'armée qu'en plein jour, à la halte du matin. En nous voyant reparaître ainsi ensemble, on chuchota mille choses contre nous. Les calomnies se répandirent de bouche en bouche dans le camp et montèrent jusqu'aux oreilles du prophète.

« Après le retour à Médine, je tombai malade d'émotion et de fatigue. Je remarquai que le prophète ne me témoignait plus la même tendresse qu'il me montrait ordinairement pour ma santé quand j'étais souffrante. S'il entrait dans ma chambre, il se bornait, sans m'adresser la parole, à dire à ma mère qui veillait près de mon lit : « Comment va votre

« fille? » Je fus blessée de cette froideur inaccoutumée, et je lui dis un jour : « Apôtre de Dieu, je dé-
« sire, si vous le permettez, être soignée chez mes
« parents? — Je le veux bien, » répondit-il. On me
transporta dans la maison de ma mère.

« J'y restai trois semaines sans voir le prophète.
Un jour que j'étais déjà rétablie, une de mes amies
vint me visiter et s'écria tout à coup en rompant la
conversation : « Maudits soient les calomniateurs! —
« Que veux-tu dire, lui répondis-je? » Alors elle me
raconta les bruits qui couraient sur ma rencontre
avec Safwan, attribuée à une intelligence coupable
entre nous. Je rougis, je fondis en larmes, je me
levai et je me précipitai vers ma mère. « Que Dieu
« vous pardonne! lui dis-je. Quoi! on déchire ma
« réputation et vous me laissez tout ignorer? —
« Calme-toi, ma fille, me répondit ma mère; il est
« bien rare qu'une femme jeune, belle, adorée de
« son mari et qui a des rivales dans son cœur,
« échappe à la médisance! »

« La rumeur contre moi et contre Safwan était si
grande dans Médine, que le prophète affligé du
scandale des conversations monta en chaire dans la
mosquée et nous justifia en s'indignant contre ceux
qui calomniaient, dit-il, une personne de sa maison
qui lui était si chère, et un brave guerrier dont il

n'avait jamais reçu que des services. Ces paroles, qui firent que les uns se justifièrent de la calomnie aux dépens des autres, ne firent qu'accroître le bruit. Le prophète, sur les conseils d'Ali, fit comparaître ma suivante pour l'interroger sur ma conduite. Malgré les coups qu'Ali lui donnait pour la contraindre à des aveux contre moi, elle jura que j'étais pure. Le prophète alors tranquillisé vint me visiter.

« Il me trouva pleurant avec mon père, ma mère et une femme de mes amies, qui ne pouvaient me consoler. Il s'assit à côté de moi et me dit : « Tu sais, « Aichah, les bruits qui courent contre toi. Si tu as « commis une faute, confesse-la-moi avec un cœur « repentant ; Dieu est indulgent et pardonne au « repentir.

« Les sanglots m'empêchèrent longtemps de répondre, j'espérais que mon père et ma mère allaient répondre pour moi, mais voyant qu'ils gardaient le silence, je fis un violent effort sur moi-même et je dis : « Je n'ai rien fait dont je puisse me repentir, si « je m'accusais, je manquerais à ma conscience ; « d'un autre côté, j'aurais beau nier la faute dont on « m'accuse, on ne me croira pas ; je dirai comme... » Ici je m'arrêtai un instant, le trouble ou j'étais me fit perdre dans la mémoire le nom du patriarche Jacob que je cherchais en vain ; « je dirai comme le père

« de Joseph, repris-je : *Patience, et que Dieu seul
« me justifie !* »

« En ce moment, le prophète trop ému lui-même tomba dans une de ces défaillances pendant lesquelles le ciel lui communiquait ses inspirations. Je lui mis un coussin sur la tête et j'attendis sans inquiétude son réveil, sûre que le ciel m'aurait absous pendant sa révélation. Mais mon père et ma mère, moins certains que moi de mon innocence, dans quelle anxiété n'attendaient-ils pas la fin de l'évanouissement et le premier mot du prophète ! Je crus qu'ils allaient mourir de terreur. A la fin, le prophète reprit ses sens, il essuya son front couvert de sueur, quoique nous fussions en hiver, et me dit : « Réjouis-toi, « Aichah, ton innocence m'a été révélée d'en haut !
« — Dieu soit loué, » m'écriai-je, et le prophète, sortant à l'instant de la maison, alla publier le verset du Koran qui atteste mon innocence. »

Cette justification d'Aichah inspirée à Mahomet par la conviction ou par l'indulgence atteste sa passion pour sa favorite. Nous en verrons une autre preuve à sa mort. La rentrée d'Aichah dans la maison du prophète fit taire les bruits injurieux contre son honneur. Le poëte satirique de Médine, Hassàn, qui avait fait des vers à sa honte, en fit à sa gloire, pour mériter le pardon de Mahomet.

« Elle est pudique et sage, écrivit Hassan. Elle est svelte et souple, et sa taille n'est pas alourdie par l'excès de chair qui surcharge les femmes oisives du harem ! »

XLVI.

Mahomet, vainqueur par lui-même ou par ses lieutenants de toutes les tribus de l'Hedjaz, résolut de préparer l'avénement de son culte à la Mecque par une visite triomphale à la Cabah. Les longues vues de sa politique religieuse éclatèrent tout entières dans ce plan. S'il n'eût voulu être que conquérant, il aurait marché à la Mecque en vainqueur et non en pontife. Il était assez puissant alors en armes, en trésors, en soldats, en alliés dans toute l'Arabie, pour reconquérir sa patrie ou pour l'effacer de la terre. Médine, sa patrie adoptive, avait de grands titres pour devenir sa capitale. Les Coraischites, anéantis ou dispersés, ne pouvaient plus lutter avec leur proscrit adopté par la moitié des Arabes. Mais Mahomet qui pouvait les proscrire à son tour en les exterminant, préféra traiter avec eux. Il comprit avec justesse que l'exterminateur de la Mecque, ville sainte, et le destructeur de la Cabah, temple universel des descendants d'Abraham, pourrait être le dominateur, mais ne serait jamais le prophète des Arabes. Il visait à un pontificat éternel et non à un empire passager. Il voulait établir une religion et non une dynastie. Les religions, empire perpétuel des âmes, ne se fondent pas par des armes, mais par des idées. Les idées que Mahomet méditait d'inaugurer en Arabie devaient, pour être adoptées par ses compatriotes, se rattacher aux traditions religieuses du culte local. Tout culte nouveau fonde sa première pierre sur les fondements de l'ancien culte. On accepte le temple, on change le Dieu.

Ce fut évidemment la pensée de Mahomet dans son traité avec les Coraischites découragés de la lutte, et dans le pèlerinage militaire et religieux qu'il résolut de conduire lui-même à la Mecque. Sa suite, composée d'idolâtres alliés, autant que de musulmans fidèles, était une armée et un peuple. Deux mille croyants à cheval et armés, douze mille Arabes, de Médine ou du désert, une file innombrable de chameaux caparaçonnés de rameaux et de fleurs, et chargés de riches présents pour le temple, arrivèrent en vue de la ville sainte. Quelques guerriers coraischites, obstinés dans leurs haines, étaient sortis de la ville malgré la masse de leurs concitoyens pour disputer les portes à Mahomet. Son chameau s'arrêta et s'agenouilla de lui-même à l'aspect des murs. Ses Arabes s'en étonnèrent. « Son chameau est donc rétif, dirent-ils entre eux ? — Non, leur dit le prophète, l'animal n'est point rétif, mais il s'est senti repoussé par la main invisible, par la même main qui repoussa jadis l'éléphant du roi de Perse, prêt à fouler le sol de la Mecque. Arrêtons-nous ici ! »

Mahomet négocia de là sa libre entrée dans la ville sainte. Les négociateurs coraischites furent saisis de stupeur en voyant les respects que les Arabes convertis ou même idolâtres rendaient devant eux au compatriote qu'ils avaient proscrit comme insensé et blasphémateur : on recueillait l'eau dans laquelle il avait lavé son visage et ses mains; on disputait au vent le cheveu tombé de sa tête; on emportait la poussière sur laquelle s'était imprimée la trace de ses pas.

Malgré les murmures de son armée, qui ne comprenait pas son indulgence, Mahomet signa un traité, presque humiliant, avec les Coraischites. « Pourquoi, lui dirent Omar, Ali, Abou-Bekr, ravaler notre sainte religion triomphante par ces timides concessions aux infidèles ? — Je suis le serviteur de Dieu, répondit Mahomet à ces murmures, j'obéis à ses inspirations, il ne me trompera pas ! »

XLVII.

Il conclut une trêve de dix ans avec les Coraischites. Semblable à Henri IV à son entrée dans Paris, il sembla traiter les vaincus en vainqueurs, et les vainqueurs en vaincus. Son triomphe pacifique de la Mecque ne fut qu'une imposante revue de ses forces, passée sous les murs du temple et sous les yeux de ses compatriotes éblouis. Les murmures croissants de son armée ne l'ébranlèrent pas dans son dessein aussi politique que magnanime. « Je ne suis pas le prophète de mes amis, leur dit-il, mais le prophète de l'Arabie et de tous les croyants futurs dans le monde. » Par respect pour les usages et pour les traditions, il n'entra pas cette fois dans la ville sainte. Il retourna à Médine sans avoir tiré l'épée, et profita de la paix avec les Coraischites pour étendre sa foi par des envoyés dans tous les royaumes ou empires limitrophes de l'Arabie.

Le roi de Perse déchira avec mépris la lettre par laquelle Mahomet le conviait au culte du seul Dieu.

« Est-ce ainsi, dit le monarque offensé du titre d'apôtre de Dieu pris par Mahomet, qu'un homme qui est mon esclave doit me parler. » En apprenant cette réponse, Mahomet s'écria : « Eh bien, que son empire soit déchiré comme il a déchiré mon message! » La malédiction ne devait pas tarder à s'accomplir par la main d'Ali.

Le roi d'Abyssinie traita ses envoyés avec plus de déférence. La ressemblance de l'islamisme et du christianisme lui fit confondre les deux cultes et accepter l'alliance du prophète.

Le prince de la race copte, qui gouvernait alors l'Egypte indépendante et à demi chrétienne, accueillit ses ambassadeurs comme ceux d'une puissance naissante qui l'aiderait à combattre les Romains. Il lui jura amitié, il lui envoya en présent un cheval de race et une mule blanche, fameuse par son instinct, nommée Doldoll, que le prophète monta jusqu'à sa mort, enfin deux jeunes filles nobles de la race des Coptes. L'une, nommée Sirin, fut donnée en mariage par Mahomet au poëte de Médine, le célèbre Hassàn. Il épousa l'autre, vierge d'une merveilleuse beauté, nommée Maria et surnommée la Copte. Il l'aima avec une passion qui balança quelquefois l'empire d'Aichah sur son cœur.

Bientôt après, à la reddition d'une place forte

de l'Arabie syrienne, emportée par ses troupes, il épousa une autre princesse prise dans l'assaut. Elle se nommait Safya; ses guerriers se la disputaient pour ses charmes. Mahomet, appelé pour juge entre les prétendants, étendit son manteau sur la captive et la consacra ainsi pour sa propre couche. Son triomphe faillit lui coûter la vie. Une des captives, nommée Zaynad, lui donna un festin dans lequel on servit une brebis empoisonnée. Il repoussa la chair de ses lèvres après l'avoir goûtée. Un de ses disciples qui en mangea avant lui tomba mort à ses pieds. Le poison fut constaté dans l'animal. « Malheureuse, dit-il à Zaynad, quel motif t'a poussée à ce crime? — Tu es le destructeur de ma nation, répondit la Judith arabe, j'ai voulu la venger sur toi, si tu n'étais qu'un conquérant ordinaire; ou embrasser ton culte si le ciel te révélait le danger! » Zaynad obtint son pardon en faveur de cette épreuve qui avait justifié le don d'inspiration dans le prophète. Cependant le poison qu'il avait goûté circula depuis ce temps dans ses veines, et multiplia les défaillances dont il fut de plus en plus visité.

XLVIII.

L'extension et l'affermissement de sa puissance dans l'Arabie firent accueillir avec d'habiles égards ses ambassadeurs par Héraclius, empereur des Romains, à son passage en Syrie pour aller visiter Jérusalem. L'empereur plaça la lettre de Mahomet sur un coussin de brocart, et combla de présents ses envoyés. A leur retour, Mahomet, suivi d'une population et d'une armée innombrable, alla accomplir à la Mecque le pèlerinage si longtemps suspendu.

A la tête de ce peuple qui avait remplacé le sien, entouré de ses disciples devenus ses généraux, monté sur sa chamelle Coswa, la plus renommée du désert, le sabre, symbole de ses victoires passées et futures, suspendu à sa ceinture, il rentra enfin dans sa patrie et dans le temple où il avait subi tant d'outrages pour sa foi. Il n'en vengea aucun. Il accomplit religieusement, au nom du Dieu d'Abraham, tous les rites de l'ancien pèlerinage autour de la Cabah et sur les collines sacrées de la Mecque. Le peuple n'eut pas à changer une lettre de ses cérémonies, mais seulement une idée dans ses adorations. Il le laissa libre de se convertir ou de persévérer dans ses superstitions. Un nombre immense se convertit de soi-même à l'aspect de la force irrésistible qui semblait justifier la mission du prophète ; il prit, en signe de parenté, une nouvelle épouse parmi les Coraischites. C'était la fille du chef Abou-Sofyan, nommée Habibah ; il rentra à Médine au milieu des fêtes de ses noces.

Sayd, son guerrier favori, en ressortit aussitôt à la tête de l'élite de ses troupes pour marcher contre la Syrie. Les princes arabes de cette partie de l'Asie Mineure, alliés des Romains, avaient rassemblé contre le dominateur de l'Arabie indépendante une armée de cent mille combattants. Sayd succomba sous cette nuée d'ennemis et perdit la vie dans la bataille. Le drapeau de Mahomet que Sayd portait tomba avec lui. Djafar le releva ; un coup de sabre lui abattit la main droite, il saisit le drapeau de la main gauche, un autre coup de sabre lui trancha cette main ; il continua à tenir l'étendard levé entre ses bras sanglants et sa poitrine jusqu'à ce qu'un coup de lance le renversât dans les plis du drapeau. Trois autres guerriers le relevèrent successivement et moururent.

A la fin Kaled parvint à le tenir debout, à rallier ses troupes et à se replier sur Médine.

Mahomet, en apprenant le premier ce revers, montra plus de douleur de la perte de ses amis que de défiance de la fortune. Il alla visiter Esma, femme de Djafar, tué sous le drapeau, et se fit amener ses deux petits enfants; il les embrassa et pleura sur eux. « Apôtre de Dieu, lui dit Esma inquiète, pourquoi pleures-tu? — Ils n'ont plus de père, répondit le prophète! » En sortant de la maison de la veuve, il rencontra, sur la place de Médine, la fille de Sayd qui ignorait également la mort de son père. Il la serra en sanglotant dans ses bras. « Que veulent dire ces sanglots, lui demanda la jeune fille? — Ce sont, répondit Mahomet, les regrets d'un ami sur la perte d'un ami! »

Bien loin de reprocher leur revers à ses troupes vaincues, il marcha au-devant d'elles en signe d'honneur, suivi de la population entière de Médine. Il portait devant lui sur sa chamelle les fils en deuil de ses généraux tués pour lui. L'armée rapportait leurs cadavres. Il leur fit de magnifiques funérailles. Des élégies héroïques furent récitées à leur gloire. « Ne pleurez pas sur Djafar, dit en chaire le prophète, à la place des deux mains qu'il a perdues pour la foi, Dieu lui a donné deux ailes sur lesquelles il plane

maintenant dans le paradis avec les experts célestes? »
Il donna sa veuve Esma pour épouse à Abou-Bekr.

Le ciel sembla justifier sa confiance en dispersant comme la poussière la nuée de Syriens, de Romains et d'Arabes vainqueurs de Sayd. La discorde ne tarda pas à rompre le faisceau. D'ailleurs Mahomet, protégé par la nudité d'un désert sans vivres et sans eau, n'avait rien à craindre d'une expédition si nombreuse. Il pouvait attaquer partout sans être attaqué jamais dans sa capitale. L'espace et la solitude combattaient pour lui. Sa religion portée à son gré par ses chameaux ou par ses coursiers était inaccessible dans son aire. La défaite, la victoire et le temps multipliaient de jour en jour ses sectateurs.

XLIX.

Les nombreux sectateurs qu'il avait maintenant à la Mecque et que la crainte empêchait encore de se déclarer le sollicitaient de venir enfin les affranchir de leur servitude morale ; d'un autre côté, le désir de relever la confiance de ses troupes abattues par le dernier revers lui commandaient une conquête trop longtemps suspendue. Il marcha à la tête de vingt mille guerriers vers la Mecque, résolu d'y planter enfin son drapeau.

Mahomet n'eut à vaincre aucune résistance des Coraischites. Ils sentirent qu'il était insensé de combattre contre cette force surhumaine.

Mahomet avait divisé son armée en quatre corps et désigné des chefs pour les commander sous lui. Un de ces lieutenants s'étant écrié : « Gloire au prophète, c'est enfin aujourd'hui le jour du carnage ! » Mahomet, qui ne voulait point de sang sur son triomphe, le destitua à l'instant et nomma un autre commandant. Il rentra dans la ville monté sur son chameau, ayant en croupe derrière lui l'enfant de son martyr Sayd, tué dans la dernière campagne. Abou-Bekr et Oçayd, ses lieutenants, étaient à côté de lui; sa garde, masquée de fer, le précédait et le suivait comme un nuage sombre. Il portait sur sa tête un turban noir, signe de terreur, qu'il n'avait jamais ceint jusqu'à ce jour. Il se fit dresser sa tente sur une éminence d'où il dominait la ville entière. Mahomet avait livré à la vengeance d'Ali dix-sept proscrits exceptés de tout pardon. Ali et ses soldats les poursuivaient pour les tuer. Deux d'entre eux cherchèrent asile contre la mort dans la maison d'une cousine du prophète, fille d'Abou-Thaleb, nommée Hàni. Elle refusa d'ouvrir sa porte à Ali et courut vers la tente de Mahomet pour implorer leur grâce. En la voyant, Mahomet interrompit sa prière et fit quelques pas au-devant d'elle : « Sois la bienvenue, ma cousine, lui dit-il, que désires-tu de moi? — Je te demande, dit Hàni, la vie de deux hommes qui sont venus se placer sous la protection de mon foyer. — Tes protégés sont les miens, répondit-il, que nul ne les touche! »

Il monta ensuite à cheval et fit pieusement le tour du temple. Ayant vu une colombe de bois sculpté suspendue encore au toit, il la brisa contre la muraille. A ce signal, les trois cent soixante simulacres d'idoles qui formaient la corniche extérieure du temple furent précipités en poussière sur le parvis. « La vérité est venue, s'écria-t-il, que les ombres et les mensonges s'évanouissent! Coraischites, il n'y a plus d'autre Dieu que Dieu! »

Il promulgua avec une amnistie générale l'oubli de toutes les injures personnelles.

Il s'assit ensuite devant la porte du temple rendu par sa parole et par ses armes au Dieu de vérité, et sembla jouir, dans une pieuse extase, de l'accomplissement de sa mission et de l'extension future de sa loi. Abou-Bekr lui amena un vieillard aveugle âgé de près d'un siècle et qui désirait, avant de mourir, toucher la robe du prophète dont il attendait depuis longtemps l'avénement pour détruire les superstitions de sa race.

« Pourquoi avoir fait sortir ce vénérable cheik de sa maison, dit Mahomet à Abou-Bekr, je serais allé moi-même le visiter dans sa demeure! » Il fit asseoir le vieillard sur son tapis et lui passant familièrement la main sur la poitrine, il lui ordonna de prononcer la formule de la conversion au Dieu unique. Le vieillard la prononça avec des larmes de joie.

Il alla de là se placer sur une éminence de la colline de Safa où il reçut le serment de toute la population fidèle. Cette conversion en masse de la patrie de Mahomet à l'islamisme alarma de nouveau les Médinois « Il va établir sa capitale dans la ville de son berceau, disaient-ils tous bas entre eux. — Non, dit Mahomet fidèle à la reconnaissance, je jure de vivre et de mourir avec vous. »

Il donna l'exemple d'une magnanimité surhumaine envers ceux qui l'avaient blessé dans le vif de son cœur. Un homme féroce, nommé Habbar, avait renversé d'un coup du bois de sa lance sa fille Zaynab de son chameau, au moment où elle sortait de la Mecque pour aller rejoindre son père à Médine. Zaynab était alors enceinte; elle était morte peu de temps après des suites de sa chute, dans les bras de son père. Habbar osa se présenter à Mahomet pour réclamer l'amnistie en faisant la profession de foi. « Va en paix, lui dit le prophète, tout est couvert par ton retour au vrai Dieu. »

L.

Après ces actes de souveraineté humaine et divine, Mahomet alla prier sur le tombeau de sa première épouse, la vertueuse Khadidjah. Il y resta longtemps, abîmé dans un recueillement qu'on n'osa ni interroger ni interrompre. Nul ne peut mesurer le débordement intérieur de pensées, de souvenirs, de tristesses, de joies d'un inspiré longtemps martyr, enfin triomphant, qui voit son œuvre impossible aux hommes, achevée par Dieu, et qui vient pour ainsi dire la déposer sur le cercueil de celle qui fut dans le temps de l'incrédulité générale la première croyante, la première néophyte et la première confidente de son grand dessein. La mort de Khadidjah enlevait à Mahomet la plus douce jouissance de sa conquête, celle de faire triompher avec lui l'épouse qui avait partagé volontairement ses persécutions et ses mépris. Mais il la couronna, comme Inès, après sa sépulture, par les versets du Koran à la louange de cette *femme de foi*.

LI.

Sa dernière épouse, Maria la Copte, lui donna un fils à son retour dans Médine. Il le nomma Ibrahim et célébra des fêtes splendides à sa naissance. Sa belle esclave Maria fut affranchie par Mahomet, en reconnaissance de l'enfant qu'elle avait conçu. « Le fils, dit-il dans le Koran, affranchit la mère ! » Les esclaves fécondes devinrent ainsi libres par la maternité. Toutes les femmes de Médine se disputèrent la gloire de donner leur lait au fils et à l'héritier du prophète. Il lui donna pour nourrice une femme illustre par sa naissance, épouse d'un de ses guerriers. Il allait souvent visiter l'enfant chez sa nourrice. La mort, qui semble envier la postérité aux grands hommes, lui enleva promptement ce fils. Ses ennemis, qui regardaient la privation d'enfant mâle comme une disgrâce céleste, donnèrent à Mahomet le surnom ignominieux d'homme sans continuation de lui-même.

Des centaines de vieillards, députés des tribus les

plus lointaines, venaient lui apporter la soumission et les offrandes de l'Arabie. Les ambassadeurs des tribus errantes disputaient aux Arabes sédentaires, à Médine, la prééminence dans l'affection du prophète. Des luttes d'éloquence et de poésie s'établirent sur ce texte entre les orateurs et les poëtes des deux races.

Les ambassadeurs bédouins reconnurent la supériorité d'Hassan, le poëte du prophète. Cependant Mahomet voulut les consoler en s'entretenant avec un jeune homme d'entre eux, qui était demeuré, à cause de la modestie de son âge, à la garde des chameaux, hors de la ville. Après avoir entendu ce jeune orateur qui surpassait en sagesse et en persuasion les vieillards : « Véritablement, s'écria-t-il, l'éloquence est la magie de l'âme ! » Il en fit un missionnaire de sa foi dans le désert. Ce disciple lui convertit des milliers de tentes.

LII.

Des prêtres et un évêque des Arabes chrétiens de Syrie vinrent, dans le même temps, à Médine, s'informer dans des conférences avec Mahomet, des rapports ou des différences des deux religions entre lesquelles l'unité de Dieu, la fraternité, l'égalité, l'aumône, l'abstinence, la vénération du Christ semblaient établir un dogme commun. Mahomet leur déclara, dans une conférence solennelle hors des murs, « qu'il reconnaissait le Christ pour le prophète par excellence, la parole de Dieu, le serviteur parfait de son père, mais que Jésus, comme Adam, avait été formé de poussière, que Dieu était unique, qu'il n'avait point de fils selon la chair, point d'associé à sa toute-puissance, point d'égal. » Et comme l'évêque insistait et argumentait pour lui prouver que « Jésus-Christ était Dieu, fils réel de Dieu, seconde personne d'une Trinité également divine dans tous ses membres, » Mahomet proféra ce verset du

Koran qui finit les discussions : « A ceux qui continueront de disputer contre toi, quand tu seras convaincu que la vérité est en toi, réponds que Dieu décide lui-même entre nous ! »

LIII.

On appela la neuvième année de l'hégire, depuis la fuite de Mahomet, l'année des ambassades. C'était pour lui l'année de la moisson. L'unité de Dieu avait germé dans toute l'Arabie et au delà. Les routes étaient couvertes de caravanes qui venaient chercher le Dieu unique à sa source vivante, et qui le remportaient aux populations de l'Orient. Le Koran, sorti verset par verset, à diverses époques, des lèvres du prophète, du législateur et du prince, était recueilli et classé par les disciples. Mahomet sentait désormais végéter et fructifier par toute l'Arabie la vérité de l'unité, de l'immatérialité de Dieu, qu'il avait semée avec sa parole. Il sentait aussi que sa mission était accomplie et que le temps ferait le reste. Des symptômes d'affaiblissement dans ses forces lui annonçaient la fin de sa carrière. Il voulut faire, avant de mourir, un pèlerinage d'adieu à la Mecque. Suivi de tous les chefs de ses armées et d'un peuple innombrable, il y parla pour la dernière fois aux Arabes rassemblés autour de leur pontife, sur la colline de Safa. Monté sur son chameau pour être vu de plus loin par la multitude des tribus qui couvrait les flancs de la colline, il parla du haut de cette chaire, tribune appropriée à l'oracle du désert. Comme sa voix, quoique toujours grave et sonore, était affaiblie par ses longues prédications, des disciples choisis au retentissement de leur voix étaient échelonnés de distance en distance pour se redire les uns aux autres les paroles proférées par le prophète, et pour les répéter à ces milliers de croyants, en les répercutant jusqu'aux extrémités de cet immense auditoire.

Prenant ensuite tout ce peuple à témoin des grands changements qu'il avait opérés dans leur foi et dans leurs mœurs. « O mon Dieu! s'écria-t-il, comme un homme qui interroge avec confiance son juge, ô mon Dieu, ai-je bien rempli ma mission? »

« Oui, prophète, tu l'as bien remplie », répondirent des milliers de voix dans le peuple.

« O mon Dieu! reprit avec plus d'assurance le prophète, entends en ma faveur ce témoignage de tes créatures. »

Il descendit de son chameau, fit la prière et s'écria en se relevant : « Aujourd'hui, ô croyants! j'ai terminé l'œuvre de votre foi religieuse! ce que j'avais à vous donner est donné ; l'islamisme est la foi que Dieu et son prophète attendent de vous. »

Un barbier lui rasa la tête, et ses cheveux furent partagés entre ses disciples.

Il rentra à Médine comme un homme qui n'a plus qu'à se décharger de son œuvre. Il y distribua ses conquêtes morales entre tous ses compagnons de foi. Il semblait se hâter de régler après lui l'empire des âmes qu'il allait laisser à la merci de Dieu, mais il ne désigna pas son successeur au gouvernement et à la prophétie, ne voulant pas, dit-il, empiéter sur le choix que Dieu inspirerait au peuple.

LIV.

Son mal s'aggravait; l'insomnie agitait ses nuits; il était plongé dans cette mélancolie qui affaisse les grandes âmes, quand le ressort tendu par l'action ou par la pensée n'a plus rien à porter. Une nuit qu'il était couché dans la chambre d'Aichah, il se leva à son insu et se rendit seul hors des murs, au cimetière des musulmans de Médine : « Salut, dit-il, habitants des tombeaux ! reposez en paix à l'abri des épreuves qui attendent vos frères ! » Il pria jusqu'à l'aurore, d'une tombe à l'autre, pour les âmes de ses disciples et de ses guerriers ensevelis. Une fièvre ardente le consumait quand il rentra chez Aichah.

Il avait jusque-là habité tour à tour l'appartement de l'une ou l'autre de ses femmes, pour ne témoigner à aucune de préférence injurieuse aux autres. Mais sentant la mort s'approcher, il les réunit toutes et leur demanda leur consentement à ce qu'il ne changeât plus désormais d'appartement, à ce qu'il fît porter jusqu'à sa guérison ou jusqu'à sa mort sa natte chez Aichah. « L'instant de notre séparation approche, leur dit-il, soyez fidèles à Dieu. J'implore ses bénédictions sur vous. » Ses femmes pleurèrent sur lui et il pleura sur elles. « Prophète de Dieu, lui demandèrent ses serviteurs, si tu meurs, comment devons-nous t'ensevelir? — Dans les vêtements que je porte, répondit-il, ou dans les étoffes grossières de l'Yémen. — Et qui sera appelé à prier sur toi? » ajoutèrent-ils. Mahomet leur dit : « Quand vous aurez lavé et enseveli mon corps, vous me placerez sur ce tapis, au bord de ma tombe ; on la creusera dans cette chambre même, sous la place où ma natte est étendue ; puis vous me laisserez seul avec les esprits célestes qui ont daigné entrer en communication avec moi pendant ma vie, et qui viendront prier sur moi après ma mort. Vous viendrez ensuite prier vous-mêmes, par groupes successifs, sur mon corps, d'abord les hommes de ma famille, puis leurs femmes, enfin les fidèles musulmans. Je vous donne ma paix, à vous tous qui m'écoutez, je donne ma paix à mes compagnons absents, je la donne à tous ceux qui suivront ma religion dans les siècles à venir. »

Il fit ensuite un effort pour obtenir lui-même le pardon et la paix des vivants avant de se présenter devant son juge. Soutenu sous les bras par ses deux disciples chéris, Ali et Abou-Bekr, il se traîna jusqu'à la chaire de la mosquée, et dit d'une voix éteinte :

« Musulmans, si j'ai jamais frappé quelqu'un d'entre vous, me voici, qu'il me frappe à son tour ! Si j'ai outragé quelqu'un de parole, me voici, qu'il me rende injure pour injure ! Si j'ai pris à quelqu'un son bien, me voici, qu'il prenne tout ce que je possède en propre sur la terre ! Et ce ne sont pas là de vaines paroles ; que nul, en se faisant ainsi justice, n'appréhende ma colère ! la colère et la vengeance ne sont pas dans mon caractère. »

Un homme osa sortir de la foule et lui réclamer une dette cachée ! « Prends, dit le prophète ; mieux vaut rougir dans ce monde devant les hommes de son injustice que d'en rougir devant Dieu dans l'autre monde.

LV.

La fièvre le dévorait de plus en plus pendant trois jours, et lui donnait des songes et des délires. Pour rafraîchir son visage brûlant, il trempait ses mains dans un vase d'eau froide et les égouttait sur son front. Il continuait cependant, pendant les heures lucides, à s'entretenir des choses surnaturelles avec ses disciples. La préservation de sa doctrine l'inquiétait par-dessus toutes choses. Il ne voulait pas que son peuple glissât jamais dans l'idolâtrie. Il ne croyait jamais avoir assez prévenu les hommes contre la déification de leurs sens. « Apportez-moi encore de l'encre et des feuilles de palmier, leur dit-il un jour; je veux vous écrire un livre qui vous garantisse à jamais de ces fictions! — Le maître est en délire, se dirent entre eux les disciples; n'avons-nous pas le Koran? »

Le troisième jour, se sentant plus calme, il voulut aller encore une fois prier à la mosquée. En rentrant dans sa demeure, il se coucha sur son tapis et demeura immobile, silencieux et comme assoupi plusieurs heures! Sa tête reposait sur les genoux d'Aichah, qui veillait de l'œil et de l'oreille sur le départ de son âme. Tout à coup il ouvrit les yeux et balbutia quelques mots sans suite, parmi lesquels Aichah ne distingua que cette invocation : « O mon Dieu!... Oui! là-haut!... avec l'ange inspirateur... avec l'ami céleste!... »,

Aichah, à ces mots, sentit sa tête plus pesante s'affaisser sur ses mains. Elle regarda, le souffle avait fui de ses lèvres et la lumière de ses yeux. Elle déposa la tête du prophète sur un coussin, lui jeta un voile sur la figure, se déchira le visage et appela les autres femmes pour commencer les lamentations autour du mort.

Le peuple, averti par les sanglots qui sortaient de la maison, accourut en se refusant de croire à sa mort. « Non, leur dit Omar, il n'est point mort, il est allé visiter Dieu, comme Moïse, qui revint, quarante jours après sa disparition, se montrer vivant à son peuple. »

Abou-Bekr accourut à la fatale nouvelle de son maître expiré. Il souleva, en pleurant, le manteau qui couvrait son visage, baisa les jambes froides et s'écria : « O toi qui m'étais plus cher que mon père et ma mère, tu as donc goûté la mort destinée à tous les

mortels ! » Puis, se tournant vers la foule incrédule :
« Musulmans, dit-il, si c'était Mahomet que vous
adoriez, apprenez que Mahomet est mort! Mais si
c'est Dieu que vous adorez, sachez que Dieu est vivant et qu'il ne meurt pas! Oubliez-vous donc déjà
ce verset du Koran où le prophète dit de lui-même :
*Mahomet n'est qu'un homme chargé d'une mission
de vérité pour la terre. Avant lui ont vécu d'autres
hommes chargés aussi de messages célestes! Tu
mourras, Mahomet, et eux aussi ils mourront!* »

Abou-Bekr fut élu, le jour même, dans l'assemblée des croyants, pour succéder à Mahomet. Malgré
quelques rivalités d'Omar et d'Ali, un esprit de concorde donna l'unanimité à ce choix. Omar et Ali le
ratifièrent, les premiers, devant le peuple.

« Je ne suis pas le meilleur d'entre vous, dit modestement Abou-Bekr en montant dans la chaire
vide du prophète. Si j'agis bien, secondez-moi; si je
m'égare, redressez-moi; si je commande quelque
chose contre la loi de Dieu et contre le sens de son
prophète, désobéissez-moi! Le Koran règne! »

LVI.

Son premier acte fut de célébrer les funérailles du prophète.

Le vieillard Abbas, frère d'Abou-Thaleb et oncle de Mahomet, présidait le deuil. On plaça le corps sous un dais. Son fils Ali lui fit, par-dessus ses vêtements, les lotions et les embaumements funèbres. On pria autour du dais, jusqu'à ce que la nation entière eût passé en revue devant le catafalque. Ali et ses cousins creusèrent ensuite une fosse dans la chambre d'Aichah, et y couchèrent le corps à la place même qu'occupait sa natte pendant ses sommeils, à côté de la natte de sa favorite.

Cette tombe ne devint pas un autel, elle resta une chaire d'où retentit pour les siècles le dogme de l'unité de Dieu sur l'Arabie et sur le monde.

La mort enleva Mahomet, à son peuple, dans toute sa force, et avant que la vieillesse eût profané, en les émoussant, aux yeux de ses sectateurs, aucune de ses facultés de corps et de sens, et surtout son éloquence.

Il était dans sa soixante-cinquième année. A l'exception de ces visions extatiques, maladie nerveuse qu'il se déguisait à lui-même sous le nom d'assomption dans le monde des esprits et d'entretien avec les anges, son corps était sain comme son intelligence. La majesté douce de son visage accréditait naturellement autour de lui une supériorité de nature et de prédilection divine sur le vulgaire des hommes. Il avait la taille élevée, la stature imposante que Michel-Ange a donnée sous son ciseau à Moïse, moins qu'un Dieu, plus qu'un homme, un prophète. Ses mains et ses pieds, toujours nus, étaient larges, fortement noués de muscles, mordant bien le sable de l'orteil, serrant bien le sabre du pouce. Une peau fine, blanche, colorée sur les joues, laissait transpercer le réseau des veines pleines d'un sang calme quoique généreux. Sa poitrine sans poil respirait à longue haleine. Sa voix grave et vibrante y résonnait comme dans une voûte pleine d'échos. Ses yeux étaient noirs, pénétrants, humides souvent de volupté, plus souvent d'enthousiasme. Sa barbe était noire, rare et sans ondes comme ses cheveux; sa bouche grande, mais habituellement fermée, semblait taillée pour sceller les mystères ou pour épancher les inspirations au peuple. Comme tous les hommes qui conversent souvent avec le monde supérieur et qui respectent en eux l'instrument de l'inspiration, il y avait plus d'indulgence que de gaieté dans son sourire. Une gravité compatissante était l'expression habituelle de sa physionomie. Cependant, il aimait, comme on l'a vu, les jeunes gens, les femmes, les enfants, tout ce qui est beau et innocent dans la nature. La beauté régnait sur ses sens, et les voluptés éternelles ne se présentaient à son imagination que sous les traits de femme. Les anges mêmes de son paradis étaient des apparitions féminines. Ce n'est pas lui cependant qui a inventé, comme on l'a cru, les houris, ces vierges du paradis musulman. Les houris, anges féminins, étaient avant lui une voluptueuse superstition des Arabes.

A l'exception de cet invincible attrait vers la beauté dans ses épouses, attrait qui lui fit oublier la sainteté de l'union des sexes dans sa loi, sa vie était sobre, austère, même ascétique, pleine de méditations, de prières, de jeûnes, d'abstinences, de présence de Dieu, d'attention à ses pas, d'assistance au temple, d'ablutions pénibles, de prosternements dans la poussière, de prédications. Il n'affectait dans ses rapports avec son peuple aucune supériorité que celle de la sainteté prophétique; rien n'annonçait en lui ou autour de lui le souverain ou le conquérant, tout était d'un apôtre. Ses vêtements étaient ceux du pauvre, les grossières étoffes de laine de mouton, les ceintures de cordes tressées de poil de chameau; il rejetait comme un luxe et comme un orgueil les turbans de coton blanc des Indes portés par ses guerriers. Il vivait de dattes et du lait de ses brebis qu'il ne dédaignait pas de traire lui-même; il n'empruntait que rarement la main de ses esclaves pour les services les plus pénibles de la domesticité; il allait puiser l'eau au puits, il balayait et lavait le plancher de sa maison; assis à terre sur une natte de paille, il raccommodait lui-même ses sandales et cousait ses vêtements usés. La propreté du corps, dont il a fait dans son Koran une image de la pureté de l'âme, était sa seule délicatesse; il peignait sa barbe avec soin; il se teignait en noir les sourcils et les cils; il se colorait les ongles avec le henné, teinture qui donne un reflet de pourpre aux doigts des pieds et des mains des femmes chez les Arabes. Il se servait, au lieu de glace ou de miroir, d'un seau rempli d'eau dans lequel il se regardait pour rouler avec décence les plis de son turban. Il n'entassait aucun trésor; il distribuait tout le produit de la dîme qu'il avait établie sur les biens et sur les dépouilles, entre ses guerriers et les indigents. Il avait fait, pour lui-même, vœu de pauvreté. Il donnait à garder aux mains et au cœur des pauvres tout ce qu'il recevait, comme à des dépositaires chargés de lui rapporter tout dans le ciel. Les alentours de sa maison, les portiques adjacents de la mosquée, les cours de l'édifice étaient un vaste hospice, où les pauvres, les veuves, les orphelins, les malades venaient attendre leur nourriture ou leur guérison. On les appelait les *hôtes du banc,* parce qu'ils passaient leur vie assis ou couchés sur les bancs de la demeure du prophète. Chaque soir, Mahomet les visitait, les consolait, les vêtissait, les nourrissait de son orge ou de ses dattes. Il en amenait, tous les jours, un certain nombre dans sa maison pour prendre leur repas avec lui. Il distribuait les autres comme des hôtes de Dieu chez les plus riches de ses disciples. Sa politesse avec les hommes de toute condition qui s'adressaient à lui était douce et respectueuse. Il ne retirait jamais, dit Aboulféda, la main le premier de la main de ceux qui le saluaient. Il jouait, comme on le raconte d'Henri IV, avec les enfants d'Ali, mari de sa fille Fathimah, à défaut des siens. Un de ces petits enfants, d'un âge tendre, nommé Hosseïn, ayant grimpé sur son dos pendant qu'il était prosterné, le front dans la poussière, pour faire sa prière, le prophète resta dans cette attitude pour complaire à l'enfant jusqu'à ce que sa mère vînt le délivrer de ce fardeau.

Il disait souvent : « Les choses de ce monde qui flattent le plus mon cœur et mes sens sont les enfants, les femmes et les parfums; mais je n'ai jamais goûté de félicité complète que dans la prière. »

Il consacra des droits de propriété aux femmes jusque-là déshéritées de tout droit et de toute possession d'elles-mêmes, dans la communauté conjugale. Il légua les veuves aux enfants. « Un fils, dit le Koran, gagne le paradis aux pieds de sa mère. »

Son troupeau de chameaux et son troupeau de brebis, son seul héritage, devinrent, à sa mort, propriété commune, à la charge par le trésor public de faire une pension alimentaire à ses veuves et à ses serviteurs. « Un prophète, dit-il, ne laisse point d'héritage à sa famille sur la terre. Ses biens appartiennent à sa nation. »

LVII.

Cet homme était-il un imposteur? Nous ne le pensons pas, après avoir bien étudié son histoire. L'imposture est l'hypocrisie de la conviction; l'hypocrisie n'a pas la puissance de la conviction, comme le mensonge n'a jamais la puissance de la vérité.

Si la force de projection est, en mécanique, la mesure exacte de la force d'impulsion, l'action est de même en histoire la mesure de la force d'inspiration. Une pensée qui porte si haut, si loin et si longtemps est une pensée bien forte. Pour être si forte, il faut qu'elle ait été bien sincère et bien convaincue. L'inspiration intérieure de Mahomet fut sa seule imposture. Il y avait deux hommes en lui, l'inspiré de la raison et le visionnaire de l'extase. Les inspirations du philosophe furent aidées à son insu par les visions du malade. Ses songes, ses délires, ses évanouissements, pendant lesquels son imagination traversait le ciel et conversait avec des êtres imaginaires, lui faisaient à lui-même des illusions qu'il faisait aux autres. La crédulité arabe inventa le reste. Mais sa vie, son recueillement, ses blasphèmes héroïques contre les superstitions de son pays, son audace à affronter les fureurs des idolâtres, sa constance à les supporter quinze ans à la Mecque, son acceptation du rôle de scandale public et presque de victime parmi ses compatriotes, sa fuite enfin, sa prédication incessante, ses guerres inégales, sa confiance dans les succès, sa sécurité surhumaine dans les revers, sa longanimité dans la victoire, son ambition toute d'idée, nullement d'empire, sa conversation mystique sans interruption avec Dieu, sa mort et son triomphe après le tombeau attestent plus qu'une imposture, une conviction. Ce fut cette conviction qui lui donna la puissance de restaurer un dogme. Ce dogme était double, l'unité de Dieu et l'immatérialité de Dieu, l'un disant ce que Dieu est, l'autre disant ce qu'il n'est pas. L'un renversant avec le sabre des dieux mensongers, l'autre inaugurant avec la parole une idée.

Philosophe, orateur, apôtre, législateur, guerrier, conquérant d'idées, restaurateur de l'esprit humain, révélateur de dogmes rationnels d'un culte sans images, fondateur de vingt empires terrestres et d'un empire spirituel, voilà Mahomet !

A toutes les échelles où l'on mesure la grandeur humaine, quel homme fut plus grand?

Il n'y a de plus grand que celui qui, en proclamant avant lui le même dogme, avait promulgué en même temps une morale plus pure, qui n'avait pas tiré l'épée pour aider la parole, seul glaive de l'esprit, qui avait donné son sang au lieu de répandre celui de ses frères, et qui avait été martyr au lieu d'être conquérant. Mais celui-là, les hommes l'ont jugé trop grand pour être mesuré à la mesure des hommes, et si sa doctrine l'a fait prophète, sa vertu et son martyre l'ont fait Dieu!

TIMOUR

TIMOUR

KHAN DES TARTARES

—

1335 — 1405

—

I.

Entre l'Inde et la Sibérie, entre la Chine et la mer Caspienne, s'étend une immense contrée, semblable à un océan solide au-dessus duquel les montagnes du Thibet s'élèvent comme un cap avancé, et que de rares ondulations de terrain entrecoupent de distance en distance, plutôt comme des vagues qui se renflent sur le niveau d'une mer que comme des chaînes de montagnes qui séparent les contrées et les races d'hommes. Le nom générique de ce plateau élevé du globe est Tartarie. Ce nom comprend, dans sa généralité, d'autres noms qui correspondent aux subdivisions géographiques ou historiques de cette partie la plus féconde et la moins connue du monde : Grande Tartarie, Petite Tartarie, Turkestan, Mongolie, Désert, pays des Mantchoux, terre de la Neige, terre de Sable, terre des Herbes; toutes ces dénominations se fondent dans le nom universel de Tartarie.

Rien ne se renouvelle que les générations dans ce réservoir humain, inaccessible aux vents et aux ondulations des contrées mobiles de la terre. Le désert les protége contre nos vicissitudes de religion, d'opinion, de civilisation, de mœurs. Ce sont les Arabes du Nord. Ils voient tout changer autour d'eux sans changer eux-mêmes. Attachés par la nécessité de la vie pastorale à la glèbe de leurs déserts, ignorant les villes, habitant la tente au lieu de la maison, parcourant lentement, mais sans cesse, leurs solitudes pour suivre, comme des oiseaux de passage, les saisons, et pour renouveler les végétations broutées par leurs troupeaux, portant tout avec eux dans le chameau, le cheval et le mouton, leur seule richesse, capables de se rassembler tout à coup en multitudes innombrables à la voix de leurs chefs, pour une guerre ou pour une migration, sans souci de leurs demeures ou de leurs approvisionnements, puisque le chameau porte leur tente, le cheval leurs armes, le mouton leurs vêtements et leur nourriture, nul peuple ne fut jamais aussi apte à multiplier sans limite et à déborder sans obstacle sur les contrées de l'Inde, de la Chine, de la Boukharie ou de la Perse, qui forment, pour ainsi dire, les bords de leur océan. Leur religion primitive, mêlée d'idolâtrie puérile, des sublimes rêveries de l'Inde et de la haute philosophie des sages de la Chine, avait facilement cédé au mahométisme, dogme simple et contemplatif importé dans leurs déserts par les souverains de Samarkande, convertis les premiers de leurs idolâtries à l'unité du dieu de Mahomet.

Telle était la Tartarie mongole, soumise encore aux descendants de Gengis-Khan, quand naquit Timour, pour donner un courant à ces multitudes et pour répandre sur un Orient vieilli la jeunesse renaissante de cette race qui ne vieillit ni ne tarit jamais dans ce berceau des races éternellement primitives.

II.

Son nom de Timour était la prophétie ou la signification résumée de sa mission. Timour (*Dimour* en turc), veut dire le fer ou l'instrument de la mort ou de la servitude sur le monde. Il était fils d'un petit prince nomade de la Tartarie mongole, qui gouvernait une de ces nombreuses tribus dont se compose, en Orient, un peuple. Son père, Taragaï, avait la prétention de descendre de Gengis-Khan, le premier grand conquérant des Tartares et le fondateur d'une dynastie qui s'éteignait deux siècles après sa gloire. Timour naquit l'année 736 de l'hégire, l'année 1335 de notre ère chrétienne. L'histoire, qui ignore les vicissitudes obscures de sa première jeunesse, ne l'entrevoit qu'à l'âge de vingt-sept ans, encore sans empire, mais déjà célèbre par ses exploits parmi les guerriers de la Tartarie occidentale ou Turkestan. Il est vraisemblable que le jeune Timour avait acquis cette renommée populaire dans les camps de l'émir Hussein, qui régnait sur les tribus des deux bords de l'Oxus, qui combattait contre les Persans et qui résidait dans les villes fortes, frontières de la Tartarie, Balkh et Hérat.

Timour portait déjà à cette époque le nom de Timour-Lenk ou Timour le boiteux. Ce surnom, qui rappelait en même temps son infirmité et sa gloire précoce, lui avait été donné à la suite d'une blessure à la jambe, reçue en combattant pour sa patrie. Il s'en parait comme d'un titre d'honneur et l'ajoutait lui-même à son nom.

Soit que le sang de Gengis-Khan qui coulait dans ses veines eût anobli sa tribu, soit qu'il fût né d'une de ces mères indiennes ou persanes dont la beauté transformait dans les harems de Samarkande l'épaisseur et la rusticité de la race Tartare, le jeune Timour n'avait rien de sa tribu que le génie nomade et le courage. Aussi appartenait-il aux Turcs orientaux plutôt qu'aux Tartares proprement dits. Son extérieur et son éducation étaient d'un prince et non d'un pasteur de chameaux. Sa taille était haute, mince et souple comme celle d'un Arabe ; son teint, blanc et coloré comme celui d'un Hindou; les traits de son visage, au lieu d'être aplatis comme ceux des Tartares, étaient ceux d'un Grec du type d'Alcibiade.

Les yeux bien fendus, le nez presque aquilin, la bouche modelée, les joues ovales, le front large et élevé, l'intelligence, la force et la grâce dans le sourire; la parure indienne, les armes enrichies de pierres précieuses, les châles de la vallée de Cachemire en ceinture et en couronne autour de la tête, le sabre de Damas, l'arc de corne ciselée sur l'épaule, le carquois orné d'arabesques en relief, le cheval du Nedjed, dont la crinière et la queue étaient teintes du suc doré du henné, enfin deux pendants d'oreille formés chacun d'une perle ovale flottant sur ses joues, relevaient la beauté à la fois mâle et efféminée de sa personne. Une seule chose contrastait, selon les historiens tartares, avec cette jeunesse et cette grâce de son visage : c'étaient ses cheveux, qui avaient blanchi sur sa tête presque au berceau. Ce phénomène, qui rappelait, disent ses peintres, les cheveux blancs du héros populaire des Persans, Sam, dont les exploits sont célébrés dans le Schahnameh, avait contribué à attirer sur le jeune Timour l'attention et le respect des Tartares. Ils y avaient vu un signe de maturité précoce, indiqué par le ciel dans cette couronne de sagesse sur le front d'un enfant. Ils en avaient conçu l'augure d'une intelligence consommée dans un cœur héroïque. Lui-même se parait de cette disgrâce de la nature comme d'un privilége du ciel. Ces cheveux blancs, sur des joues de vingt ans, relevaient l'éclat de son teint et imprimaient un caractère étrange, mais plus agréable que disgracieux à sa beauté.

III.

Son caractère était, comme sa physionomie, l'expression de ce contraste entre la tête vieille et le cœur jeune. Sérieux, pensif, ne riant jamais, lent à délibérer, prompt à accomplir, persévérant jusqu'au fatalisme dans sa volonté une fois conçue, persuadé que les événements ne sont pas écrits d'avance dans un incorrigible destin, mais qu'ils sont le résultat de l'action libre des hommes, et qu'ils cèdent à ceux qui savent les interpréter et les tourner à leurs desseins; franc comme la parole humaine, qui, selon les Tartares, doit être la lumière de l'âme; capable d'opprimer, jamais de mentir, de flatter ou de tromper; aimant peu les fables dont se berçait l'ignorance puérile de ses compatriotes; méprisant les bouffons qui vivent de mépris en dégradant en eux la dignité morale de l'homme; passionné pour les philosophes qui cherchent à soulever le rideau des mondes par la science; honorant les vrais poëtes, *ces miroirs de la nature et ces échos vivants de Dieu,* selon ses expressions; savant en astronomie, en droit public, en histoire, en médecine, en religion, dont il aimait à s'entretenir avec les cheiks les plus vénérés de Samarkande; libéral envers ceux qui prient, parce qu'il croyait, comme Mahomet, une force pour ainsi dire physique à la prière qui contraint Dieu en l'adorant; lisant beaucoup; écrivant avec force et avec grâce; parlant les trois langues de l'Asie, le turc, l'arabe et le persan; admirateur de la sagesse du code national de Gengis-Khan, dont il associait les prescriptions à celles du Koran; ne se livrant, dans ses loisirs, qu'à un seul divertissement, pensif et calculé comme sa vie, le jeu méditatif des échecs, cet exercice de l'esprit, inventé par le spiritualisme de l'Inde : tel était Timour, né pour gouverner le monde s'il n'avait pas eu à le ravager. La guerre l'avait saisi au berceau pendant les anarchies mongoles qu'entretenait la décadence de la dynastie de Gengis-Khan. Il ne respirait que la guerre, seule capable, dans sa pensée, de reconstruire et d'agrandir la puissance de sa race. Son point de départ n'était que le commandement militaire d'une tribu obscure de la Tartarie.

IV.

Cette tribu, sous son jeune chef, s'illustra par ses exploits sur les frontières du Khorassan. Timour se fit une famille de son armée. Sa renommée y appela les Tartares les plus amoureux de gloire et de dépouilles. Son accueil y attira, même de la Perse, des sophis ou sages, les historiens et les poëtes qui racontent ou qui chantent les grandes actions des héros. Son nom vola bientôt sur leurs récits et sur leurs vers jusqu'aux dernières tentes de la Tartarie. Avant d'avoir paru, il était populaire ; toutes les hordes s'entretenaient de lui dans leurs déserts, comme d'un guerrier semblable au fabuleux Rustem, comme d'un prophète égal à Mahomet. Il avait conquis les hommes de sa race par ce qu'il y a de plus crédule et de plus irréfléchi dans l'espèce humaine, l'imagination. Fort de ce prestige, il ne manquait à sa fortune qu'une occasion. Elle s'offrit à lui.

L'émir Hussein, souverain de Hérat et de Balkh, était attaqué sur les deux rives de l'Oxus par les

Djettes, peuplades barbares, qui sapaient les derniers débris de la puissance mongole de Gengis-Khan. Timour vola avec sa tribu au secours de l'émir. Il balaya les Djettes et raffermit le trône de l'héritier de Gengis. Hussein, pour reconnaître ce service et pour s'assurer à jamais un si héroïque allié, donna une de ses sœurs, la belle Tourkhan, honorée du surnom de Khan ou de reine, à Timour. Cette union attacha Timour à la maison royale de Hussein. Mais sa gloire et son mérite effacèrent bientôt, aux yeux des Tartares, le souverain que Timour semblait rivaliser plus que protéger.

La mort précoce de sa jeune femme rompit les liens du sang qui unissaient les deux princes. La rivalité enfanta l'injustice; les émirs, vassaux de Hussein, se soulevèrent contre leur souverain. Timour, proclamé par eux leur chef et leur vengeur, échappa aux embûches du visir de Hussein, vainquit ou embaucha ses armées, assiégea Hérat, capitale de son ennemi, y entra par la brèche à la tête des Tartares révoltés et vit les émirs incendier sous ses yeux le palais, et massacrer son beau-frère avec tout ce qui restait de sa dynastie. L'histoire ne l'accuse pas d'avoir voulu ce crime, mais d'y avoir assisté et d'en avoir volontairement ou involontairement recueilli le fruit.

Les trésors, les femmes, les enfants du malheureux Hussein devinrent la dépouille et le jouet de soldats féroces. Timour reçut quatre de ces femmes pour son harem et en épousa deux célèbres par leurs charmes. Les autres épousèrent les principaux émirs compagnons de sa victoire. La voix de l'armée lui décernait le trône qu'il venait de renverser dans le sang et dans la flamme d'Hérat. Cette capitale n'était plus qu'un foyer fumant au milieu d'un désert. Il conduisit l'armée et la population à Samarkande, cette ville si célèbre, située au milieu d'une fertile oasis de la Tartarie occidentale, dont il voulait faire la capitale d'un plus vaste empire.

V.

Le suffrage universel du peuple sanctionnait seul, chez les Tartares comme chez les Gaulois, les droits de la victoire. L'assemblée générale de tous les chefs et de tous les sages des tribus se réunit sous les tentes dans la plaine de Samarkande. Il y fut unanimement proclamé l'héritier légitime de Gengis-Khan et souverain ou khan de tous les Tartares. Le cheik, ou pontife suprême, lui offrit ce qui servait aux Tartares de couronne et de sceptre, le *tambour*, qui convoque le peuple et l'*étendard*, qui rallie les soldats. On le surnomma maître du temps et du monde vivant; on lui remit le sceau de l'empire, sur lequel était gravée cette maxime du Koran : *La justice est le salut des hommes.* Grand témoignage de la conscience universelle de l'humanité inscrit sur le cachet même d'un usurpateur.

Vingt-sept dynasties ou souverainetés de la Tartarie et toutes les tribus reconnurent sa suprématie. Il centralisa en lui seul la puissance civile, politique et militaire de plus de cent-cinquante millions d'hommes brûlant du désir de déborder de nouveau de leurs rudes climats sous des cieux plus doux. Cet empire s'étendait depuis le centre de la Russie jusqu'à la grande muraille de Chine, et depuis le Thibet jusqu'à la Perse.

Timour, qui se sentait soulevé au-dessus de l'humanité par cet instinct de débordement de tant de milliers d'hommes, ne les laissa pas s'affaisser.

Les années de son règne ne furent qu'une suite de campagnes qui lui soumirent, avec le Kharisme, le Kaptschak, la Géorgie, l'Indoustan, la Perse, l'Irak, la Syrie et l'Asie Mineure, deux cents autres millions de sujets. Ce n'était pas la guerre, c'était l'inondation. Les quarante mille soldats d'Alexandre s'étaient changés en huit cent mille combattants et un million d'esclaves qui desséchaient la terre sous leur passage. La magnificence de cette cour nomade de Timour égalait la multitude des combattants. Jamais l'Europe ne vit ce nombre, ce faste asiatique, ni dans la migration d'Attila, ni dans celles des Arabes, ni dans la campagne de Moscou, où le conquérant moderne conduisit tant de braves à l'incendie et aux frimas.

VI.

Timour voulait éblouir autant que vaincre. Il savait que le glaive, pour assujettir les hommes de l'Orient, doit briller et frapper à la fois. Le mariage d'un de ses fils, encore enfant, avec la fille d'un des souverains de la frontière persane, lui permit d'étaler dans les fêtes de ce mariage toutes les richesses que la dépouille de l'Indoustan accumulait dans ses tentes.

Un trône d'or, des couronnes de diamants, des urnes pleines de pierreries versées comme l'eau sous les pieds des jeunes époux, des avenues d'encensoirs où fumaient le musc et l'ambre gris; la terre tapissée, à plusieurs milles de distance, de tentures d'or et de soie tissés; la voûte de la tente nuptiale formée par un firmament de lapis, où des diamants incrustés figuraient les constellations et les étoiles du ciel; les rideaux de la tente en or tissé, la pomme de pin qui la surmontait en dehors, ciselée dans un bloc d'ambre fin, attestaient des prodigalités de dépouilles où l'imagination arabe elle-même cède devant la réalité.

VII.

Samarkande, centre de ces magnificences, dépôt de ces richesses, s'élevait et s'étendait comme par prodige à chaque retour de ces expéditions. Babylone, Bagdad, Persépolis, Palmyre, Baalbeck, Damas, Constantinople, Rome, Athènes, étaient effacées par ces palais, ces jardins, ces aqueducs, ces mosquées qui s'élevaient tout à coup au milieu des steppes de la Tartarie à la voix de Timour et sous la main des artistes grecs et arabes, appelés de leur patrie pour décorer l'habitation d'un barbare.

Pour célébrer son propre mariage avec une princesse captive ramenée du Khorassan, Timour ordonna la construction de douze jardins bientôt réunis en un seul au bord du fleuve, et qu'on appela, à cause de leur luxe et de leurs délices, les *Jardins du Paradis.*

Il voulut que l'humble village tartare de Kesch, où il était né, portât dans la postérité la trace éclatante de son berceau dans des monuments et dans des fondations éternelles. Une ville rivale de Samarkande s'éleva sur les masures de ce village. Il lui donna le nom de *Dôme des sciences et de la civilisation.* Il y appela de l'Arabie et des Indes les sages les plus capables d'enseigner la vertu et les arts aux Tartares.

VIII.

La fortune n'avait pas endurci son cœur ni égaré son jugement; il se glorifiait de n'avoir jamais perdu le sens des affections humaines. La mort prématurée de son fils et d'une de ses sœurs qu'il chérissait le plongea dans une mélancolie qui lui fit désirer la mort, puisque la mort faisait de son cœur une solitude au milieu de ses voluptés extérieures. Il ne revint à la résignation et au goût de la vie qu'en lisant les versets consolateurs du Koran, qui enseignent à l'homme à respecter sa propre douleur comme une sage volonté de Dieu supérieure à nos sagesses.

Mais l'ambition parut ensuite combler en lui le vide de la mort. La rapidité et la facilité de ses conquêtes lui persuadaient que Dieu marchait devant ses armées et lui commandait ainsi d'uniformiser la foi de tous les hommes livrés à d'indignes superstitions. Ses courtisans l'entendaient se répéter souvent à lui-même ce rêve de la monarchie universelle dont les conquérants de tous les siècles ne se réveillent qu'à la mort.

« De même qu'il n'y a qu'un maître dans le ciel, disait-il, il ne doit y avoir qu'un maître sur la terre. Elle est trop petite pour satisfaire l'ambition d'une grande âme. »

« L'ambition d'une grande âme, lui dit un jour le cheik de Samarkande, ne se satisfait pas par la possession d'un morceau de la terre ajouté à un autre morceau de la terre, mais par la possession de Dieu : Dieu seul est assez grand pour remplir une pensée infinie. »

IX.

La réponse du cheik frappa Timour, mais ne prévalut pas sur son instinct de nomade et de conquérant. Il marcha bientôt à la tête de l'élite de ses tribus aux derniers confins de la Perse, qui n'avaient pas encore été visités par sa colère. Les villes s'ouvraient, les campagnes se dépeuplaient devant lui; la fureur du meurtre semblait l'avoir saisi pour purger la Perse et l'Arabie des vieilles superstitions qui survivaient encore à la religion de l'islamisme. Des milliers de cadavres d'idolâtres traçaient derrière lui la route de son armée. Il ne s'arrêtait avec pitié et avec respect que devant les tombeaux des imans, interprètes de Mahomet, des savants mémorables ou des poëtes illustres. A son entrée dans les villes, il se faisait conduire devant ces monuments, descendait de cheval, et invoquait la mémoire de ces grands génies, lumières éteintes de l'humanité. C'est ainsi qu'il toucha du front le sépulcre du grand poëte épique persan Firdousi à Thous.

Bagdad, Tauris, Kars, Djoulfa, se soumirent sans résistance à son approche. Cette fois, au lieu de tourner vers l'Orient, il tourna au Nord, traversa les royaumes qui séparaient jadis la Méditerranée de la mer Noire, entra en Géorgie, et s'arrêta pour passer l'hiver à Tiflis, capitale de ce royaume, avant de franchir le Caucase.

Les rois de Géorgie et de Schirvan abjurèrent le christianisme pour conserver leurs États. Leurs peuples les imitèrent. Ils remplirent de leurs présents en or, en esclaves, en chevaux, les tentes de Timour. L'Arménie et la Mésopotamie, pour prévenir son invasion, se reconnurent vassales de la Tartarie. Les villes qui tentèrent de résister derrière leurs murailles furent effacées du sol. Timour fit construire à la place des tours dont les murailles étaient bâties d'hommes vivants cimentés dans la chaux. Ces pyramides et ces arcs de la mort furent imités plus tard par les Turcs sur les champs de bataille de la Servie et de la Bulgarie. Nous avons nous-même gémi en passant sous ces catacombes en plein jour de la barbarie.

X.

Pendant qu'il hivernait au pied du Caucase, et qu'il conviait des peuples entiers à des chasses gigantesques, images des plaisirs de la Tartarie, Ispahan, occupée par l'arrière-garde de son armée, se soulevait au bruit du tambour d'un forgeron patriote qui avait levé pour étendard son tablier de cuir. A la voix du forgeron, les Persans immolent trois mille Tartares, et purgent la ville de leurs oppresseurs. Mais Timour y renvoie à l'instant cent mille soldats, avec ordre de lui rapporter chacun une tête de Persan, sous peine de livrer eux-mêmes leur propre tête. Ispahan consternée paya de ce prix la révolte du forgeron. Timour n'excepta que les savants, les religieux, les poëtes, comme Alexandre avait excepté Pindare. La piété, le génie et la science étaient divins à ses yeux. Ces cent mille têtes furent élevées en pyramides maçonnées sur les places de la ville déserte.

Revenu, au printemps, par la Perse orientale,

Timour rasa les grandes villes et chassa devant lui leur population en Tartarie. Il peupla Samarcande des princes du pays de Fars, centre de la Perse antique, après avoir fait semer du sel sur l'emplacement de leurs palais et de leurs jardins.

XI.

Samarcande l'attendait dans les fêtes triomphales qui signalaient chacun de ses retours. Pendant qu'il préparait une expédition immense contre un khan rebelle de la Grande-Tartarie, il employa les loisirs de l'hiver à chasser aux cygnes sur les lacs glacés et dans les marais de Bokhara. Ces chasses magnifiques, instituées par Gengis-Khan comme une prérogative sauvage de la souveraineté, servaient à retenir autour d'elle les chefs et la jeunesse des tribus, et à les entretenir dans les rudes exercices de la guerre.

Timour, après avoir convoqué le conseil général de vingt-sept royaumes, et appelé sous les armes cinq cent mille cavaliers, entra en campagne avant la fin de l'hiver. Il laissa cette fois sa cour et son harem à Samarcande, pour éviter à ses femmes et à ses filles les fatigues d'une guerre dans les plus âpres climats du pied du Thibet. Une seule femme, favorite et confidente de ses plus secrètes pensées, le suivait dans un pavillon de guerre porté par un éléphant. C'était une captive, fille d'un prince de la race des Djettes, qui avait conquis le cœur du vainqueur de sa famille, et que ses charmes avaient fait surnommer *l'Étoile du matin*. La satiété n'excluait pas ces préférences passionnées dans l'âme de Timour, non plus que dans l'âme de Mahomet.

A peine sorti de Samarcande, Timour vit accourir au-devant de lui des ambassadeurs du prince qu'il allait détrôner pour implorer le pardon et la paix. L'usage de la Tartarie voulait que dans ces occasions les ambassadeurs parcourussent au galop la distance qui les séparait du khan, et, se précipitant de leurs chevaux à son aspect, parussent se réfugier à son ombre. Ces messagers de paix présentèrent à Timour une lettre d'excuses de leur maître, un oiseau de proie apprivoisé, et neuf chevaux de course, dont de nombreux témoignages attestaient l'incomparable agilité.

Cette soumission ne fléchit pas Timour. Il continua sa route jusqu'à une chaîne de collines qui domine la grande Tartarie. Parvenu au sommet de ce plateau, il contempla l'incommensurable océan des steppes verdoyants qui s'étendaient sans autres bornes que le ciel sous ses yeux. Chacun de ses soldats apporta en passant une pierre pour élever à la place ou le khan s'était assis, une tour monumentale destinée à rappeler à jamais la réunion de cette multitude d'hommes rassemblés pour exécuter la vengeance d'un seul.

Au pied d'un plateau, il ordonna une chasse de plusieurs jours dans les steppes, pour approvisionner l'armée de gibier et de troupeaux sauvages. Des milliers de bœufs, de moutons, de chameaux et de chèvres, suivaient en outre l'armée à une certaine distance, paissant dans les steppes et fournissant le lait et la chair à ce peuple de soldats.

Après les chasses, Timour monté sur un cheval persan d'une merveilleuse stature, la couronne de rubis sur la tête, et un sceptre d'or terminé par une tête de bœuf dans la main, passa la revue de son armée. Chaque émir et chaque chef de horde descendait de sa selle devant lui, et, tenant son cheval par la bride, se prosternait le front dans l'herbe et bénissait le souverain.

Le saint iman de la Tartarie, le vieux cheik qui avait prédit le premier la destinée encore obscure de Timour, se prosterna à son tour, ramassa une poignée de poussière et, la lançant du côté où l'on s'attendait à rencontrer l'ennemi, s'écria comme inspiré du ciel :

« Que vos visages soient souillés par la honte et la défaite ! Marche maintenant, continua le vieillard en s'adressant au khan, marche où tu voudras, tu seras partout vainqueur. »

Les trompettes sonnèrent la charge, et l'armée, d'une seule voix, poussa le cri de *surun!* ou *en avant!*

XII.

Le rebelle, vaincu par la terreur avant de l'être par le combat, s'enfuit, de défaite en défaite, vers le Nord jusqu'au fleuve, aujourd'hui russe, du Volga. Son armée, sa cour, ses esclaves, ses femmes, ses troupeaux, ses trésors, ne purent traverser le fleuve aussi vite que lui. Une nation entière tomba et devint le butin de l'armée de Timour. Le khan s'en appropria l'élite. Les plus belles des captives furent triées pour orner son harem de Samarcande; six mille jeunes gens choisis à la beauté du corps et à la grâce du visage furent réservés pour le service intérieur de ses palais. Chaque émir eut sa part, chaque soldat sa dépouille dans cette distribution des trésors, des troupeaux et des esclaves. L'histoire s'égale au poëme quand elle raconte le luxe des fêtes que Timour donna à son armée sur les bords du Volga.

« Assis en plein soleil, disent les narrateurs du temps, sur le trône d'or des anciens rois de la Grande-Tartarie, entouré des beautés voilées du harem du khan vaincu, reposant avec complaisance ses regards sur la favorite de son cœur, *l'Étoile du matin,* sur ses fils, sur ses petits-fils, sur ses généraux, revêtus de leurs plus riches costumes de guerre et de cour ; des festins incessants réunissaient un million de convives ; des danseuses enivraient les yeux ; des musiciens enivraient les oreilles ; des poëtes, le cœur et l'esprit des conquérants. Darius et Xerxès disparaissaient devant cet Alexandre du désert. »

XIII.

Au printemps de l'année suivante, il reprit sa course armée vers la Mésopotamie en traversant de nouveau la Perse; Bagdad et Schiras le virent une troisième fois passer. La victoire et l'empire n'avaient point énervé son courage. Vaincre était pour lui plus que régner. Il se plaisait souvent à devancer son armée, suivi de quelques centaines de ses émirs les plus intrépides, et à combattre en simple guerrier contre les princes arabes ou persans qui cherchaient à lui fermer les défilés des montagnes. Dans une de ces occasions, il faillit tomber sous le sabre du schah Mansour, usurpateur des provinces montueuses de la Perse. Le fils favori de Timour, Mirza-schah-Rokh, se précipita entre le khan et son ennemi, abattit d'un coup de lance le guerrier persan, lui coupa la tête, et, la présentant à Timour :

« Ainsi, lui dit-il, doivent rouler aux pieds de ton cheval les têtes de tous tes ennemis. » Les Tartares présents à cet exploit frappèrent neuf fois la terre du front en témoignage de joie et d'admiration pour le héros, revivant déjà dans un autre héros.

Timour donna la souveraineté de la Perse reconquise à Miran-schah, son fils et son vassal, revint à Bagdad sur une galère nommée *le Soleil*, y laissa reposer deux mois son armée, y rétablit la discipline relâchée par la guerre, fit répandre dans l'Euphrate tout le vin qui fut trouvé dans la ville, y reçut les ambassadeurs des sultans de Syrie et d'Égypte qui cherchaient à l'arrêter par leur soumission, et entra par le grand désert dans la Mésopotamie. Il y signala son passage par sa vengeance contre tout ce qui résistait, par sa libéralité envers les savants, les prêtres, les poëtes des deux religions qui se disputaient alors ces provinces, les chrétiens et les mahométans. Il allait prier indifféremment sur les tombeaux des saints et sur ceux des derviches mémorables. Son culte pour la science et pour la vertu était impartial; était-ce philosophie, était-ce politique? Aucune confidence de l'histoire n'a expliqué ce mystère de la vie du conquérant.

Parvenu à travers l'Arménie aux Portes de fer qui ferment le Caucase, il apprit que le roi vaincu de la Grande-Tartarie, Toctamisch, après avoir rallié sa nation derrière le Volga, avait franchi les défilés du Caucase et s'avançait pour renouveler contre lui la lutte sur cet autre champ de bataille.

« Tant mieux, dit-il aux Tartares Uzbeks qui lui annoncèrent cette nouvelle occasion de gloire; laissons venir Toctamisch et son armée : il vaut mieux que le gibier vienne de lui-même aux rets que d'être obligé de battre les forêts pour le faire lever. Un vieux faisan ne craint pas le faucon, et, quand la sauterelle est devenue assez grande pour que ses ailes prennent la couleur du sang, elle rend coup pour coup au passereau qui veut la dévorer. »

Le champ de bataille fut le bord oriental de la mer Caspienne. La longue marche avait diminué l'armée de Timour; avant la bataille il passa ses Tartares en revue avec une sévérité minutieuse, examinant si chaque soldat avait son épée, sa lance, sa massue et son filet, dans lequel les guerriers tartares enlacent leur ennemi désarmé. Lui-même, à cheval, à la tête de trente escadrons d'élite, il fondit comme la foudre sur le centre des ennemis rompus, et, précipitant ce centre dans les flots, il vit fuir les ailes bientôt prisonnières de ses cavaliers. Le Volga et le Dniéper, libres devant lui, le virent, pendant une campagne de cinq ans, ravager la Russie jusqu'à Moscou. Les Russes, qui faisaient déjà trembler les Grecs de Byzance, tremblèrent devant les Tartares et leur abandonnèrent leurs provinces, leur marine, leurs richesses, fruits de l'épée comme les conquêtes de Timour.

Il revint par une autre route à Samarcande, où les délices de ses jardins, l'amour de ses femmes, l'entretien de ses lettrés, les éloges de ses poëtes le délassèrent de cinq ans d'exploits. Avide de tous les genres d'immortalité pour son nom, il employa ses jours de paix à la construction de ces édifices qui portent la mémoire des ambitieux aux siècles reculés et dont il avait contemplé les ruines à Persépolis. Il éleva un palais de marbre transparent semblable à l'albâtre, qui interceptait le froid et laissait pénétrer une douce lumière dans ses appartements. Des peintres grecs appelés de Byzance en peignirent à fresque les dômes, pages coloriées de l'histoire de ses campagnes. On l'y voyait dans toutes ses fortunes diverses, depuis le gardien des troupeaux du pasteur tartare jusqu'au souverain de la double Asie. Il donna ce palais à une des filles de son fils mort Miran-schah, nommée Béghizi.

Méditant de nouvelles expéditions plus lointaines et craignant après sa mort des dissensions pour l'empire entre ses fils, il investit son fils Schah-Rokh de la souveraineté des provinces persanes, les plus propres, selon lui, à assurer par leur possession la supériorité des armes et de la politique sur les autres. Il distribua à tous ses autres fils ou petits-fils le gouvernement de tous ses royaumes. Bien qu'âgé de soixante-quatre ans, il épousa une jeune fille mongole nommée Toukel-Khanum, et, dans son ivresse pour sa nouvelle et huitième épouse, il lui donna le jardin le plus délicieux de Samarcande, appelé par lui : le jardin qui *dilate le cœur*.

XIV.

Cet ouvrage ne lui fit pas oublier le rêve de tous les conquérants, l'Inde. Il la parcourut cette fois depuis l'Indus jusqu'à Delhi, depuis l'Océan jusqu'au Thibet.

Son armée marchait suivie d'un peuple d'esclaves, prix des premières victoires, et qui pouvaient compromettre d'autres combats. Un ordre atroce en livra cent mille à la mort en une seule nuit. Chaque soldat tartare fut contraint d'immoler les siens de sa propre main. Le remords, la pitié, l'indignation saisirent l'armée ; les imans présagèrent la colère du Ciel. Timour ne répondit à ce soulèvement de la conscience de ses guerriers que par la conquête et le massacre de Delhi. Le sang qu'il avait tant répandu l'enivrait. Les hommes, par leur obéissance, lui avaient appris à les mépriser comme la poussière foulée par les pieds de son cheval. La liste de son butin, partagé entre ses soldats après l'assaut de Delhi, et le récit de ses cruautés sur les Indous innocents de tout crime feraient douter de l'histoire si des Européens de l'armée de Timour, témoins oculaires, n'en confirmaient l'authenticité. Or, argent, pierres précieuses, diadèmes, ceintures étoilées de diamants de Golconde, rubis et saphirs de Ceylan, éléphants dressés, chameaux et coursiers innombrables, esclaves des deux sexes, composaient ces dépouilles. Chaque soldat reçut cent esclaves pour sa part, chaque Tartare suivant l'armée en reçut vingt. Dix rangs d'éléphants accompagnèrent les cortéges qui allaient porter les lettres de victoire de Timour aux princes ses tributaires de la Tartarie, du Kaptschak et de la Perse. Il leur distribua par milliers les artistes, les ouvriers, les peintres, les architectes qui avaient décoré l'Indoustan de leurs travaux, afin qu'ils portassent les mêmes arts, et qu'ils élevassent les mêmes monuments dans la Tartarie. Il dépeupla l'Inde pour peupler les steppes de Samarcande. Les idoles des dieux indiens furent transportées par lui dans sa capitale pour servir de matériaux aux mosquées. Tous les guèbres ou adorateurs du feu, immolés sur les bords du Gange, teignirent les eaux sacrées d'une couleur de sang. Comme à la fin de chacune de ses expéditions, une chasse aux lions, aux tigres, aux rhinocéros, aux cerfs bleus, aux paons et aux perroquets fut la fête de ses victoires.

Descendu dans la mystérieuse vallée de Cachemire, cet Éden de l'Inde, il en savoura quelques jours les délices, y renversa les temples de l'idolâtrie et revint à Samarcande, ayant accompli en douze mois la campagne de dix ans d'Alexandre.

XV.

Après quelques jours de repos, il se dirigea du côté de l'Occident, en inclinant vers la mer Caspienne. Il entra par ces vallées profondes dans le Caucase, citadelle naturelle de ces régions, qu'il voulait assurer à sa race. Les Géorgiens se défendirent contre le dominateur de la Tartarie avec la même constance qu'ils déploient depuis près d'un siècle à se défendre contre le czar, dominateur du Nord. Timour, pour les attaquer corps à corps dans les gorges inaccessibles du Caucase, dont les Géorgiens avaient muré les embouchures par des rochers, employa les routes de l'air. Il fit construire d'immenses corbeilles, qu'il remplit de soldats et qu'il fit descendre, par des cordes suspendues à des poulies, jusqu'au fond de ces précipices, à trois ou quatre cents coudées de profondeur. Ses soldats combattaient de là contre les Géorgiens, écrasés sous leurs traits. Timour lui-même, pour donner l'exemple à ses troupes, se fit descendre et hisser sept fois dans ces radeaux aériens. Par des barbaries de la guerre que nous avons vues une fois renouveler de nos jours en Afrique, il fit enfumer des tribus du Caucase dans les cavernes où elles s'étaient réfugiées, comme des animaux dans leurs terriers. Ces sacriléges contre l'espèce humaine soulevèrent même ses propres Tartares.

Du pied du Caucase, il s'avança sur Sinope et sur Césarée. Ses hordes touchaient pour la première fois aux possessions récentes des Turcs sur les bords asiatiques de la mer Noire. Deux princes de Caramanie et de Kermian, détrònés par Bajazet, et échappés de la prison où les retenait son général Timourtach, traversèrent toute la Cappadoce et toute la Géorgie, l'un sous le costume d'un bateleur montrant des singes aux villageois, l'autre sous l'épaisse chevelure d'un derviche, qui dérobait son visage aux regards de ses anciens sujets. Ces deux proscrits, altérés de vengeance, parvinrent par ces ruses jusqu'à la plaine de Karabagh, où la nombreuse armée de Timour campait, indécise entre le nord et le midi de l'Asie.

Un troisième prince, dépossédé par Bajazet, le jeune souverain turcoman d'Aidin, s'échappa également de sa tour, et, exerçant sur la route le métier de danseur de corde, arriva en même temps dans ce refuge des princes expropriés. Timour entendit leurs plaintes, prit prétexte de la vengeance des opprimés et des licences de la cour de Bajazet contre la loi du prophète, pour embrasser leur cause. Les récits qui lui revenaient de toutes parts du rapide accroissement de la puissance des Turcs, ses anciens compatriotes des bords de l'Oxus, offensèrent son orgueil ou tentèrent son courage. Il croyait le monde trop étroit pour deux sultans. Cependant il ne frappa ni sans avertir, ni sans menaces. Des ambassadeurs, chargés de demander à Bajazet raison de sa violence et réparation de ses injustices envers les princes indépendants de sa race, partirent pour Brousse. Ils portaient à Bajazet une lettre impérieuse de Timour.

XVI.

Bajazet, indigné de l'accent de cette lettre d'un barbare qui cherchait encore un empire errant dans l'Asie, tandis que le sien, fixe et affermi, reposait déjà depuis trois générations sur les contrées les plus policées de l'Asie et de l'Europe, ordonna pour toute réponse le supplice de l'envoyé assez audacieux pour venir lui intimer des ordres au pied même de son trône. Les bourreaux allaient obéir au geste du sultan, quand le grand-vizir, le vénérable cheik Boukara et le grand-juge de Brousse se jetèrent à ses pieds et le conjurèrent de ne pas déshonorer leur nation en attentant, même à l'égard d'un insolent Tartare, à l'inviolabilité des ambassadeurs. Bajazet, cédant à leurs conseils et à leurs prières, se borna à injurier les députés tartares et à leur remettre une lettre empreinte de défi et de mépris pour leur maître.

Au récit de cette offense et à la lecture de ce défi, Timour, qui avait rallié plus de huit cent mille combattants dans la plaine de Karabagh, n'hésita plus à les verser sur l'Asie-Mineure. Il s'avança, suivi de cette innombrable multitude de troupeaux qui couvraient derrière lui des provinces entières, vers Siwas, première grande ville forte de l'empire ottoman.

Siwas, autrefois Sébaste, ville opulente de la Grèce asiatique, détruite et rebâtie par l'invasion du sultan seldjoukide Aladdin, ouvrait l'empire de côté. Entourée de larges fossés pleins d'eau courante, murée de remparts d'une prodigieuse épaisseur, peuplée de cent cinquante mille âmes, défendue par d'intrépides Arméniens, elle semblait défier tout assaut d'une multitude tartare sans artillerie de siége pour ébranler ses murailles. Timour s'arrêta un moment comme irrésolu à l'aspect de ce boulevard de l'empire. Mais il suppléait à l'art de la guerre par le nombre de ses soldats; prodigue d'hommes que l'intarissable source de la Tartarie renouvelait sans cesse dans son armée, il attacha des milliers de mineurs aux rochers qui servaient de fondement aux murailles; il vida les fossés par des canaux creusés au-dessous de la ville; il abattit les forêts de noyers voisines pour étayer, par ces troncs d'arbres, les galeries souterraines ménagées sous les fondations des murs; puis, allumant des bûchers près des tours minées, il vit le sol manquer sous leur poids et les engloutir dans la flamme et la poussière.

Vingt jours et vingt nuits lui suffirent pour ouvrir sur ces débris d'énormes brèches à ses soldats. Siwas, nue et tremblante devant lui, n'attendit pas l'assaut et se résigna à son sort. Timour promit seulement d'épargner la vie des musulmans et des chrétiens, et de se contenter de leur servitude. Mais à peine entré dans Siwas, il l'inonda du sang de ses défenseurs. Soit colère, soit politique, sa férocité fit frémir l'Orient. Quatre mille Ottomans furent ensevelis vivants jusqu'au cou, et attendirent ainsi la fin de leur vie et de leurs tortures; spectacle digne de la brutalité des Tartares et que les bêtes féroces ne se donnent pas à elles-mêmes dans leurs carnages.

Les chrétiens, jetés par couples dans des fosses recouvertes d'un plancher de bois et surchargées ensuite de terre, prolongèrent pendant des jours inconnus leur agonie souterraine sous les tentes des Tartares, qui entendaient leurs gémissements. Les braves furent tués pour que la contagion de leur courage ne gagnât pas les lâches ; les lâches moururent pour leur lâcheté qui les rendait indignes de vivre. Tout prétexte était bon à la mort. Timour fit immoler jusqu'aux infortunés lépreux des léproseries de Siwas, pour que leur infirmité ne se communiquât pas à ses

Tartares chez lesquels elle était inconnue. A l'exception des enfants mâles propres à l'esclavage, de leurs jeunes filles propres aux harems, la population tout entière fut tarie dans son sang. Un des fils de Bajazet, qui gouvernait Siwas et qui avait combattu en fils et en héros l'ennemi de son père et de sa race, ne survécut quelques jours que pour contempler le long supplice de ses compagnons d'armes. Traîné par des cordes sur la pierre des chemins, derrière le cheval de Timour, sa tête, coupée par l'ordre du vainqueur, fut livrée aux aigles de l'Arménie.

XVII.

Timour, après la conquête de Siwas, s'était un peu détourné de sa route directe sur la Bithynie pour marcher sur Alep, où il avait à venger quelque vieille injure du sultan d'Égypte, maître alors de la Syrie. Toutes les troupes de l'Égypte, de l'Illyrie et de l'Arabie couvraient Alep. L'aspect des éléphants de Timour, du haut desquels les Tartares, instruits par des transfuges grecs des arts de Byzance, lançaient des gerbes de feu grégeois, étonna les Égyptiens. Les éléphants, d'abord immobiles comme un mur, s'ébranlent à l'ordre de Timour qui les dirigeait lui-même. Animés de la fureur du combat et partageant la cause et la passion des hommes, ces monstres invulnérables aux traits des Arabes enlevaient les Égyptiens noués dans leurs trompes, les lançaient sur leurs compagnons, les piétinaient sous leurs pieds, les écrasaient sous leurs genoux, et ouvraient ainsi, comme des pionniers, une large route aux Tartares.

XVIII.

L'armée égyptienne, ainsi enfoncée au centre et noyée aux ailes par deux cent mille cavaliers tartares, se précipita avec une telle démence de terreur vers la ville, que les fossés furent comblés de vivants et de morts entassés sous les remparts, et que Timour, faisant passer ses éléphants sur ce pont de cadavres, entra, sans abaisser d'autre pont, dans Alep. Le 30 octobre 1400, Alep fut submergée comme Siwas par ce déluge de la Tartarie. Tout ce qui ne put pas fuir dans le Taurus, dans le Liban ou dans le désert, périt sous le fer ou tomba dans l'esclavage des hordes de Timour. Comme partout, cependant, Timour sauva et protégea les lettrés de la ville conquise. L'élite de la pensée et de la sagesse humaine lui paraissait faire exception à cette humanité qu'il méprisait jusqu'au néant.

Quelques jours après la conquête et l'extermination de la plus grande partie de la population, il monta sur la plate-forme de la citadelle et se délecta du riche paysage des jardins, des eaux, des collines et des montagnes de neige de l'horizon syrien d'Alep. Il convoqua là, autour de lui, les savants, les poëtes et les religieux de cette ville célèbre par la culture des lettres arabes, et il s'entretint familièrement non en maître, mais en disciple avec eux ; puis, dans une conversation enjouée, il leur adressa quelques questions captieuses dont la réponse, si elle n'était pas une adulation, pouvait être un danger pour ces sages.

« Résolvez-moi, leur dit-il, des doutes que les sages de mes écoles de Samarcande n'ont jamais su éclaircir pour moi. »

Tous se rejetèrent le périlleux honneur de répondre au vainqueur d'Alep. L'historien Ibn-Schohné accepta seul le dialogue.

« Quels sont ceux, lui demanda le khan, qui ont été les martyrs aux yeux du ciel dans la bataille sous vos murs?

« — Ce sont ceux, lui répondit l'historien, en empruntant un mot du prophète lui-même dans le Coran, qui ont combattu pour la parole de Dieu. »

Timour se contenta de l'ingénieuse équivoque qui laissait Dieu juge de la justice de la cause musulmane des deux côtés. Il sourit, et montrant de la main aux lettrés d'Alep sa jambe estropiée et la maigreur de son corps usé par la guerre et la vieillesse :

« Regardez, leur dit-il, je ne suis que la moitié d'un homme, et pourtant j'ai conquis l'Irak, la Perse et les Indes.

« — Rends-en gloire à Dieu, lui répliqua le muphti d'Alep, et ne tue personne.

« — Dieu m'est témoin, dit avec une apparente sincérité le destructeur de tant de millions d'hommes, que je ne fais mourir personne par volonté préméditée ; non, je vous le jure, je ne tue personne par cruauté ; mais c'est vous qui assassinez vos âmes ! Allez, je vous garantis vos vies et vos biens. »

L'heure de la prière du soir étant venue pendant l'entretien, il pria, se prosterna, s'agenouilla comme un simple croyant avec eux.

XIX.

Lui-même ne pouvait plus contenir le torrent qu'il avait déchaîné. De nouveaux corps de son armée, se succédant les uns aux autres pendant vingt jours, saccageaient malgré lui, dans la ville conquise, ce que les premiers avaient épargné. Pendant que Timour, suivant l'usage de la Tartarie, célébrait le festin de la victoire dans le palais d'Alep, les cris des habitants égorgés se mêlaient au chant de ses musiciens et aux hymnes de ses poëtes. Timour sortit pour réprimer le carnage.

« Qu'on épargne, dit-il, les chrétiens et les musulmans, je ne fais la guerre qu'aux idolâtres et aux assassins de leurs âmes : ce sont leurs têtes seules qui doivent construire la pyramide qu'on va élever en mon nom. »

Il contourna, en quittant Alep, les bases du Liban, et s'avança, par la vallée du Bkaâ, vers Baalbeck, ce prodige inexpliqué du désert. Les gigantesques monuments de Baalbeck, dont il attribua la construction aux démons ou génies, ne pouvant les attribuer à des hommes, lui parurent dépasser ceux de Persépolis. Il éprouva de l'envie contre les souverains inconnus de ces mystérieux édifices.

« Les hommes, dit-il, ont-ils donc dégénéré, ou les pierres ont-elles végété après avoir été arrachées des carrières? » Les monuments de Samarcànde lui semblaient mesquins auprès de Baalbeck et des ruines de Palmyre.

Son avant-garde touchait déjà, après avoir traversé l'Anti-Liban, à la plaine de Damas, plaine semblable à une Tartarie arrosée, boisée et féconde. Il la contempla avec ravissement du haut des collines qui lui servaient de ceinture du côté du nord. L'armée égyptienne, épouvantée, rentrait une seconde fois dans ses portes.

Jamais ville ne fut plus faite pour être contemplée d'en haut et pour tenter l'ambition d'un conquérant. Entourée d'une ceinture de jardins verdoyants dont les abricotiers jonchent le sol de leurs fruits dorés, et dont sept rivières arrosent les pelouses à une courte distance des montagnes de l'Anti-Liban qui servent d'un côté de sombres murailles à ce jardin de la Syrie ; ouverte de l'autre côté sur le désert sans horizon, plein de mystère et au fond duquel l'imagination ne s'arrête qu'à Babylone ou à Bagdad,

Damas, enceinte de murailles de marbre blanc et noir, dentelée de créneaux, surmontée de tours, élançant comme des tulipes d'albâtre et d'or ses dômes et ses minarets dorés dans un firmament toujours libre, effaçait Samarcande et présentait aux yeux de Timour la capitale merveilleuse qu'il avait rêvée pour la Tartarie. Damas avait de plus pour lui un caractère qui joignait la superstition au prestige. C'était une ville sacrée ; c'était le séjour et le tombeau de ces khalifes Ommiades, successeurs du prophète dont il avait lui-même adopté la foi et dont il voulait étendre l'empire sur toute la terre. Il resta longtemps en extase, en prière et en adoration devant cette apparition de la ville sainte. En se relevant de cette contemplation muette, il donna à son armée les postes et le mouvements que lui indiqua à lui-même son coup d'œil exercé par tant de siéges et de combats. Il ne doutait pas d'une prompte capitulation.

XX.

Cependant une trahison domestique suspendit quelques jours sa victoire. Un jeune téméraire, Mirza Houssein, son neveu, séduit par on ne sait quelle ambition chimérique, ou poussé à l'ingratitude par un mécontentement de cœur, quitta son camp pendant la nuit, se présenta aux portes de Damas comme un transfuge qui venait combattre avec les Arabes contre les Tartares, et fut accueilli en libérateur dans la ville. On le promena, suivi d'un cortége royal, dans les rues de Damas. Le peuple crut opposer en lui un rival au maître du monde. L'illusion ne tarda pas à s'évanouir. Les fleuves taris par le détournement des eaux, les murailles minées par des excavations souterraines, un moment soutenues par des piles de bois et bientôt incendiées sous leurs fondements, ouvrirent, comme à Siwas, la route aux Tartares. Houssein, livré à son oncle par le peuple pour en obtenir merci, fut traité par Timour en insensé plus qu'en parricide. Le khan se borna à lui faire infliger, en sa présence, le supplice humiliant du bâton sur la plante des pieds; il le renvoya après libre à sa mère, sœur de Timour.

Un million de ducats d'or racheta la vie du peuple. Le gouverneur et la garnison de la forteresse subirent la mort pour avoir retardé de quelques heures la fortune du conquérant. Les lettrés, les religieux, les artistes, les ouvriers consommés dans la fabrication des armes furent envoyés en masse à Samarcande pour civiliser, dans la Tartarie, ce même Orient que Timour ravageait dans la Mésopotamie.

Mais ici, comme à Alep, la politique du fondateur de Samarcande fut éludée par la férocité de ses soldats. L'armée que Timour retenait hors des murs s'y rua un jour malgré lui sous prétexte de venger la cause du kalife Ali contre Omar, massacra la population presque entière et incendia la capitale de l'hérésie sous les yeux du khan.

« Les maisons et les palais de Damas étaient alors, disent les témoins de cette grande ruine, construits en terre, en pierres, en marbre jusqu'au premier étage, la partie supérieure des édifices était construite en bois précieux sculptés. Ces bois s'allumèrent comme un bûcher préparé et desséché par les siècles; un brasier de sept lieues de circonférence flotta pendant sept jours et sept nuits, comme une mer de feu, ondoyant avec ses flammes de toute couleur, au gré des vents, sur la plaine environnante. Le cyprès, le sandarac, le sumac, le cèdre, bois ou vernis odorants qui décoraient ces palais, répandirent avec leur fumée dans l'air une odeur de parfum qu'on respira jusqu'à Palmyre et à Jérusalem. C'était l'encens de ce sacrifice de sang et de feu à la barbarie. »

XXI.

Timour le contempla avec tristesse; il n'osa pas sévir contre la superstition de son armée; mais il voulut sauver au moins la grande mosquée des khalifes Ommiades, temple jadis chrétien, devenu, comme Sainte-Sophie de Constantinople, un temple de l'Islam. Il s'y porta avec sa garde pour éteindre le feu; il était trop tard. L'ardeur de l'incendie avait déjà fondu le plomb qui recouvrait le dôme. Des torrents de ce métal liquéfié tombaient sur les murs, et interdisaient l'approche aux soldats. Le dôme s'écroula sur les fondations, et ce chef-d'œuvre de l'architecture arabe disparut pour jamais de l'horizon du désert. Il ne resta debout qu'un seul minaret, détaché de la mosquée, et dont la flèche existe encore. C'est au sommet de ce minaret que les traditions arabes des musulmans assignent l'apparition de Jésus-Christ, à la fin des siècles, quand il viendra faire la séparation des justes et des impies dans la vallée de Josaphat.

XXII.

Timour, après ce désastre, expiation de sa victoire, reposa, selon sa coutume, son armée dans la plaine de Damas, appelée *un des quatre paradis* du globe. La plaine de Damas ombragée de ses vergers, rafraîchie de ses eaux courantes, la vallée de Bevivan en Perse, la vallée de l'Euphrate au-dessous de Bagdad, et enfin la plaine grasse et humide de Samarcande étaient aux yeux des Tartares les quatre paradis promis à leur nation. Ils se complaisaient à les traverser et à y faire halte tour à tour.

Pendant cette halte de son armée dans la plaine syrienne, il traversa le désert de quarante jours avec un corps d'élite, et courut assiéger Bagdad une troisième fois révoltée. Sa vengeance fut cette fois sans pitié. Les cent mille Tartares qui l'avaient suivi au siége de Bagdad reçurent ordre de lui apporter chacun la tête d'un des révoltés. Tout périt depuis l'âge de huit ans jusqu'à l'âge de quatre-vingts ans dans Bagdad, mais Timour sauva encore les lettrés, les artistes, les ouvriers, les prêtres, les poëtes, les historiens, les savants, tout ce qui donne l'intelligence ou l'immortalité à la race humaine.

Pour accomplir avec lui les saints pèlerinages aux tombeaux des khalifes, il fit venir de Samarcande à Bagdad sa sultane favorite, l'impératrice Toumanaga, sa fille chérie Beghsyaga et sa cousine Sadékin. Ces femmes préférées de Timour lui apportèrent de Samarcande des vêtements brodés de perles et répandirent sur sa tête, comme la poussière, les diamants de l'Inde dont il les avait lui-même comblées à son retour de Golconde.

XXIII.

De là, ralliant autour de lui tous les corps de son armée commandés par ses fils, ses petits-fils, ses neveux, ses principaux khans, il reprit sa course interrompue vers la presqu'île bornée par la Méditerranée et la mer Noire, et campa, non loin des ruines de Siwas, sur la limite de l'empire ottoman. Quelques lettres, inutilement échangées entre Bajazet et Timour, au lieu d'éteindre la guerre imminente, l'aigrirent et l'envenimèrent. Timour répugnait à attaquer dans les Turcs du même sang que lui des champions de la foi du prophète, qui combattaient comme lui pour le triomphe de l'islamisme. Cette guerre lui semblait une sorte de guerre civile aussi impolitique dans ses résultats qu'impie dans sa victoire. Il est impossible de méconnaître que la négociation qui précéda la lutte fut modérée, patiente, conciliatrice du côté de Timour, violente, absolue, injurieuse du côté de Bajazet. Pour honorer les derniers ambassadeurs de Bajazet, et peut-être pour leur donner une idée imposante de sa force, il ordonna, en leur présence, une grande chasse tartare sur les deux rives de l'Araxe, fleuve limitrophe, qu'il tardait encore à franchir. Des plaines, des montagnes, des provinces entières furent cernées dans cette chasse par un cordon continu de l'armée tartare, rangée sur dix hommes de profondeur. Ces troupes, en se resserrant, amenèrent aux pieds du khan et des ambassadeurs des nuées de gibier et de bêtes féroces qui tombèrent sous les flèches des émirs. Les envoyés de Bajazet partirent comblés de riches présents. Timour donnait encore, jusqu'au printemps, la réflexion et la résipiscence au sultan. Il ne lui demandait que la restitution d'une forteresse et la restauration sur leur trônes des émirs de Caramanie et de Kermian, expulsés par ses lieutenants.

Les princes, fils ou petits-fils de Timour, le rejoignirent successivement sur l'Araxe.

Une lettre plus insolente de Bajazet, en réponse aux lettres de Timour, confirma ces sinistres présages de guerre. Bajazet sommait le Tartare d'évacuer ses frontières.

Timour passa le lendemain ses troupes en revue. Une journée d'été suffit à peine pour que l'armée défilât devant le cheval du khan. Au coucher du soleil, se prosternant à terre, il fit la prière avec ses soldats. En se relevant, il offrit une dernière fois la paix aux ambassadeurs de Bajazet.

« Dites à votre maître, leur répéta-t-il d'une voix adoucie par la réflexion, qu'il peut encore, en acceptant mes conditions justes et modérées, épargner cette dissension fatale aux serviteurs du Dieu unique, et ces torrents de sang humain à l'Asie. »

Bajazet fut sourd aux avances de Timour comme aux conseils de ses vizirs et de ses généraux. En vain la désertion des Tartares de sa garde embauchés par les émissaires de Timour, et une révolte de janissaires pour la solde l'avertissaient de l'opinion de son armée, il persévéra dans son vertige.

Dominé par l'orgueil et par la volupté, il refusa de donner à son salut les richesses conservées pour ses plaisirs ; il continua de marcher, en s'abusant lui-même, vers Tokat, ville turque, à moitié chemin de Siwas et de Brousse, comme pour affronter Timour. L'habitude de tant de victoires, remportées par lui sur les armées aguerries de l'Europe, lui faisait mépriser ces Tartares qui n'étaient à ses yeux qu'un déluge d'hommes incapables de se mesurer avec les Ottomans.

XXIV.

Timour, informé jour par jour de sa marche et du nombre de ses soldats, ébranla enfin son armée, et, traversant les immenses forêts qui séparent Siwas d'Angora (Ancyre), il choisit du regard, autour de cette ville centrale de la Cappadoce et dans le large bassin formé par les montagnes qui s'écartent, le champ de bataille où il allait décider de l'empire entre les Ottomans et les Turcs orientaux ou Tartares. C'était le même champ de bataille, remarque l'historien byzantin Ducas, où le grand Pompée avait autrefois battu Mithridate, ce dernier roi rebelle à l'ambition romaine, au pied du mont Stella. Il semble que l'instinct de la guerre conduise de siècle en siècle les armées des empires qui se succèdent aux mêmes rendez-vous de lutte pour se disputer la fortune, et que la géographie a dessiné d'avance certains champs de bataille comme des champs clos pour ces grandes immolations de l'humanité.

Timour, pour provoquer Bajazet à cette rencontre

sur un terrain choisi et approprié d'avance par lui à sa tactique, feignit d'assiéger la riche et populeuse ville d'Angora, que Bajazet ne pouvait se dispenser de secourir. Il fit miner les remparts et détourner les eaux de la petite rivière d'Angora, qui servait de fossé à ses vergers. Bajazet, qui campait lui-même à une faible distance entre Tokat et Angora, se laissa entraîner au piége et accourut au secours de sa capitale. Il espérait prendre les Tartares entre deux armées, celle d'Yacoub-Pacha, gouverneur d'Angora, et la sienne; mais, en débouchant avec les Ottomans dans la plaine au delà d'Angora, il trouva l'armée de Timour en bataille à trois lieues des murs et de l'autre côté de la rivière que Timour lui laissait à franchir sous une nuée de traits avant de l'aborder sur ses hauteurs.

XXV.

Les deux guerriers se mesurèrent un moment du regard comme pour attendre chacun un faux mouvement de son adversaire. Mais Timour, approvisionné de troupeaux, d'herbes, de grains, et fort de la situation culminante qui le couvrait au bord d'une rivière suffisante pour abreuver sa cavalerie, ne fit un pas ni un geste devant Bajazet. Celui-ci, sans doute pour appeler à son tour le khan des Tartares sur un terrain plus hasardeux, parut se détourner avec mépris d'Angora, comme si de telles hordes eussent été indignes de son attention, et, se rejetant sur la gauche, il ordonna à son armée une grande chasse pour s'approvisionner de vivres.

C'était au commencement du mois de juillet; la chaleur, concentrée dans les gorges d'Angora, brûlait les herbes; cinq mille chevaux et un grand nombre des cavaliers de Bajazet périrent de soif, de fatigue et de chaleur sur le plateau sans ombre où son imprévoyance les avait lancés pour ce fastueux exercice. Cette chasse se prolongea pendant trois longues journées d'été, hors de la vue de l'armée tartare. Timour croyait que son ennemi, frappé de terreur à son aspect, cherchait un détour par d'autres vallées pour se replier sur Tokat. Il n'en était rien : Bajazet n'était frappé que de vertige. Son armée, épuisée de force, non de courage, reparut le troisième jour dans la plaine d'Angora ; mais Timour avait profité de l'éloignement des Turcs pour barricader les abords de la rivière et pour tarir les seules sources de la plaine qui pouvaient abreuver l'armée de Bajazet. Il n'avait laissé ainsi aux Ottomans que l'option également fatale entre une retraite humiliante ou une bataille dont il avait choisi et fortifié à loisir le site et la position.

XXVI.

Jamais, depuis Gengis-Khan et Alexandre, le ciel de l'Asie n'avait éclairé un si vaste rassemblement d'hommes. Bien que Timour n'eût amené avec lui au combat que l'élite la plus aguerrie de ses Tartares, cinq cent mille combattants à pied ou à cheval couvraient les collines en amphithéâtre qui s'élevaient derrière la rivière dans le bassin au nord d'Angora. Bajazet, qui avait appelé à lui tous ses tributaires ou tous ses alliés, Turcs, Bulgares, Albanais, Hongrois, Serviens, depuis le golfe méditerranéen de Satalie jusqu'au bord du Danube et aux montagnes de l'Épire, commandait un nombre à peu près égal de soldats. Les historiens arabes, grecs, ottomans, s'accordent à évaluer à plus d'un million d'hommes les deux armées prêtes à s'entre-choquer dans ce champ clos. La disposition naturelle du site ajoutait à la majesté tragique du spectacle. La plaine, les gradins et les montagnes âpres d'Angora formaient un cirque digne de ces gladiateurs des deux Asies.

XXVII.

Timour, suivi partout, selon les mœurs patriarcales des peuples pasteurs, de tous les membres de sa famille en âge de porter les armes, avait divisé son armée en neuf corps, nombre sacré chez les Tartares. Quatre de ses fils et cinq de ses petits-fils commandaient chacun une de ces neuf divisions de son armée. Lui-même, le plus vieux et le plus consommé des guerriers de sa race, s'était réservé le commandement suprême de ces corps subordonnés dans l'action à une seule pensée. Miran-schah, son fils aîné, commandait sous lui tous les corps qui allaient combattre à sa droite; Abou-Bekr, fils de Miran-schah, servait de lieutenant principal à son père. Le dévouement filial s'ajoutait dans cette hiérarchie du commandement de famille à l'obéissance du subordonné à son général. Schah-Rokh et Khalil, le second et le troisième fils de Timour, commandaient à la gauche du khan. Mirza-Mohammed, ce favori de Timour, fils de son premier-né Djehanghir, dont le khan avait tant pleuré la mort, commandait malgré son extrême jeunesse le centre des Tartares, sous l'œil et sous la main de Timour. Ce prince, qui reportait sur cet adolescent toute la tendresse qu'il avait eue pour Djehanghir, voulait que la plus grande part de gloire dans cette bataille illustrât avant l'âge ce petit-fils prédestiné par lui à la meilleure part de l'empire.

Quarante émirs ou généraux de toutes les grandes principautés de la Perse et de la Tartarie étaient distribués à leur rang de combat sous ces jeunes princes étagés entre les bords de la rivière et le mamelon élevé d'où Timour à cheval contemplait l'ordre de ses combattants. Quarante divisions de cavalerie d'élite étaient contenues en réserve derrière lui à l'ombre de ce mamelon, prêtes à s'élancer sur les traces du khan pour réparer une brèche dans le combat ou pour achever une victoire. Cinquante éléphants chargés de tours formaient comme autant de citadelles mobiles sur le front de l'armée de Timour.

XXVIII.

La première aube du jour sur les montagnes d'Angora éclaira les deux armées déjà en ordre de bataille, mais encore immobiles. Au moment où le soleil dissipa entièrement l'ombre au pied des collines, aux roulements des tambours des Turcs et au cri d'Allah, répercuté de rocher en rocher, l'armée de Bajazet s'ébranla pour franchir l'espace qui la séparait de la rivière. A ce bruit, à cette poussière, les Tartares poussèrent d'une seule voix leur cri de guerre *surun! en avant!* Timour suspendit d'un geste cet élan, et, descendant de son cheval, fit lentement sa prière en vue de son armée, comme si la confiance de vaincre lui avait enlevé toute impatience du combat; puis, étant remonté à cheval, il donna l'ordre de manœuvrer pour tourner les Serviens, qui en s'approchant trop des Tartares laissaient de l'espace entre eux et les montagnes auxquelles Bajazet les avait adossés. Miran-schah et Abou-Bekr, son fils et son petit-fils, exécutèrent rapidement cette pensée du khan ; mais leur impétuosité se brisa contre l'intrépide immobilité d'une réserve de montagnards serviens qui refoulèrent cette cavalerie sur le camp.

A cet aspect, le jeune Mohammed-schah se précipita à genoux devant le cheval de son aïeul pour obtenir de lui la permission de voler avec le centre au secours de ses oncles. Timour resta muet jusqu'au moment où il aperçut l'armée d'Asie de Bajazet, qui dépassait le niveau de la ligne des Ottomans pour tourner témérairement ses propres collines. Fondant alors avec les masses épaisses de son corps d'élite, et se faisant suivre au galop par ses quarante divisions de réserve, il coupa en deux l'armée d'Europe et l'armée d'Asie, rejetant l'une sur les collines de sa droite, l'autre dans les marais de sa gauche, immolant au centre des milliers d'Ottomans et forçant Bajazet lui-même, entraîné dans le reflux de ses escadrons, à fuir avec dix mille de ses janissaires sur un mamelon détaché des montagnes dont la pente rapide arrêtait l'élan des cavaliers tartares.

XXIX.

Arrêtée et déconcertée par cette rupture de la ligne de bataille, et sans liaison désormais avec le centre anéanti de Bajazet et avec l'armée d'Europe, l'armée d'Asie, composée de Caramaniens et de Kermiens mécontents et de corps turcomans qui voyaient des frères dans les Tartares, cessa de combattre, salua d'un cri ses anciens princes, reconnus par elle dans l'armée de Timour, et passa presque tout entière transfuge, au milieu du combat, dans les rangs des ennemis.

Les Tartares, libres de ce côté, vainqueurs au centre, refoulés seulement à gauche par l'armée d'Europe, s'accumulèrent en innombrables bataillons sur les Serviens. Lazare, leur chef, ne s'intimida ni du nombre, ni de la situation désespérée où la trahison de l'armée d'Asie et la retraite de Bajazet jetaient ses braves compatriotes. Formant les Serviens en épaisse colonne couverte de fer et inébranlable aux charges des Tartares, il traversa obliquement à travers cette multitude la plaine d'Angora, dans laquelle il s'était trop avancé le matin, et atteignit le pied des collines au sommet desquelles les Serviens, en les gravissant, pouvaient trouver leur salut ou leur liberté dans la fuite. « Ces misérables paysans sont des lions! » s'écria Timour, étonné de tant de courage. La certitude de la victoire lui laissait la liberté d'esprit d'admirer des héros dans les vaincus.

XXX.

Cependant Lazare, après avoir sauvé ainsi tout ce qui pouvait être sauvé de l'armée d'Europe, ne songea plus pour lui-même qu'à bien mourir ou à sauver aussi Bajazet, son beau-frère et son ami. Franchissant sur un cheval ensanglanté et sous une nuée de flèches l'intervalle qui le séparait du sultan et des janissaires : « Il en est temps encore, dit-il à Bajazet, abandonnons un champ de carnage où nous n'avons plus à conquérir que la mort du petit nombre de braves qui nous entourent, et sauvons l'empire en sauvant son chef et ses fils. »

Bajazet, soit orgueil, soit découragement, soit fatalisme, repoussa comme une honte le salut par la retraite que lui conseillait son beau-frère. Lazare alors, voulant au moins sauver ses neveux, entraîna loin du champ de bataille le fils aîné de Bajazet, le jeune Soliman, arraché tout sanglant de la mêlée par l'aga des janissaires, Hassan, et par le brave grand vizir Ali-Pacha. Lazare, s'enfonçant avec eux sur des chevaux frais dans les défilés qui mènent d'Angora vers la mer, ravit cette proie à Timour. Les émirs d'Amasie, auxiliaires de Bajazet, enveloppèrent également de leurs chevaux son autre fils Mohammed, et le dérobèrent au galop dans les sentiers presque inaccessibles des montagnes du noyau de l'Anatolie.

Bajazet, satisfait d'avoir au moins assuré le salut de ses deux fils, continua de combattre pour la gloire ou pour la mort jusqu'au milieu du jour, derrière un rempart de ses dix mille janissaires qui lui faisaient une enceinte de leurs cadavres. Jamais fidélité ne fut à la fois plus désespérée et plus inébranlable. L'âme du héros retrouvé dans Bajazet au fond de sa ruine avait passé dans tous ces jeunes soldats. Ils savaient que leur naissance parmi les chrétiens et leur nom de renégats ne leur laissaient que le choix de la mort, ou sur le champ de bataille, ou sur le champ du supplice. La retraite des Dix-Mille, après la mort de Cyrus, n'égala pas le suicide glorieux des dix mille janissaires autour du corps de leur sultan. Quand l'ombre du soir commença à obscurcir les flancs escarpés de la montagne dont Bajazet occupait un promontoire avancé sur la plaine, on lui présenta son cheval, caché depuis le matin derrière des rochers; il le monta et s'enfuit, suivi d'un petit groupe de cavaliers, dans les sentiers boisés du mont Stella.

XXXI.

Les cavaliers tartares de Timour suivaient de près la trace de Bajazet, brûlant de ramener au camp une telle proie. L'aurore allait naître, et Bajazet, qui entendait derrière lui le galop des chevaux tartares, allait leur échapper en traversant à la nage un torrent rapide, quand un fer de son cheval, usé par les rochers, se détacha à demi et fit abattre le coursier du sultan. Nul de ses compagnons ne voulut se sauver sans son maître; pendant que l'un d'eux lui présentait son propre cheval, un émir tartare, descendant de Gengis et khan du Djaghataï, Mahmoud, atteignit avec ses rapides cavaliers le groupe des Ottomans et les écrasa sous le nombre. Bajazet, son fils Mousa, Timour-tasch, le vizir, les begs, les eunuques, tombèrent dans les fers du vainqueur. Les prisonniers furent amenés le lendemain au camp des Tartares et au seuil de la tente de Timour.

Timour, entouré de son armée victorieuse et désormais sans ennemis devant lui, jouissait en ce moment, à l'ombre de sa tente, du loisir cher aux Tartares comme aux Ottomans; il jouait au jeu d'échecs avec son fils Schah-Rokh, l'espoir, la force de sa race, à qui il avait déjà donné l'empire du Kurdistan. Il venait, disent les chroniqueurs de sa cour, de déplacer le roi contre la tour, c'est-à-dire la royauté contre la prison, quand on accourut lui annoncer la prise du sultan et la captivité de ce prince. L'ingénieux raffinement d'esprit des Persans, qui cherche des interprétations dans les consonnances et dans les doubles significations des mots, trouva une étrange analogie de circonstance dans ce coup de Timour sur le damier et dans le sort de Bajazet sur le champ de bataille; c'est de là, dit-on, que fut donné au fils de Timour, qui jouait contre son père, le surnom de *Schah-Rokh*, qui signifie en persan roi et tour. Bajazet, couvert de poussière et de sang, parut au même instant devant Timour.

XXXII.

Le vainqueur n'eut point l'orgueil ni l'insolence du triomphe devant le vaincu. Sa haute philosophie, exercée à l'école de tant de vicissitudes des batailles, se souvint des maximes des sages, et respecta le doigt de Dieu, même dans l'ennemi renversé par lui. Il se souvint surtout que Bajazet combattait pour la même foi et pour la même race que lui, et il lui demanda presque pardon de sa victoire. Il le fit à l'instant décharger de ses liens, le pria de s'asseoir sur le devant de la tente au même rang que lui, l'entretint, d'une voix douce et consolante, de sa défaite honorée par son courage et du regret qu'il avait lui-même d'être obligé de vaincre un frère dans l'islamisme et un égal dans l'empire, dont il aurait préféré l'amitié à la ruine. Il lui fit le serment que son honneur et sa vie ne courraient aucun risque dans sa captivité. Il ordonna qu'on dressât pour le sultan, son hôte plus que son prisonnier, trois tentes impériales à côté de celles du khan lui-même, dans lesquelles il serait servi avec les respects et les magnificences dus à son rang, à sa bravoure, à son infortune.

Bajazet, attendri d'un pareil accueil, ne put retenir quelques larmes en pensant à ses quatre fils dont il ignorait la destinée.

Timour ordonna à des détachements rapides de se porter partout où l'on pouvait espérer de les atteindre et de les ramener vivants à leur père.

XXXIII.

Cependant deux fils de Bajazet, échappés à la poursuite des Tartares après la bataille d'Angora, informés des égards que Timour montrait à leur père et craignant que quelque démembrement de l'empire ne fût le prix de sa rançon, se concertèrent par des émissaires secrets cachés sous l'habit de derviches avec Bajazet, pour lui faire recouvrer sa liberté par la fuite. Mohammed se rapprocha du camp des Tartares afin de diriger avec plus de vigilance et de mystère le complot de cette évasion. Des pionniers turcs du nombre de ceux qui avaient déserté avec l'armée d'Asie la cause de Bajazet, et qui étaient enrôlés alors dans l'armée de Timour, se souvenant de leur ancienne fidélité, se laissèrent facilement séduire par les intrigues de Mohammed. Ces hommes, dont le service dans l'armée consistait à miner les remparts des villes pour les faire écrouler sous leurs défenseurs, possédaient l'art et les outils nécessaires à ces excavations souterraines et muettes. Bien que Bajazet jouit en apparence d'une complète liberté, des gardes d'honneur, chargés de surveiller et de suivre tous ses mouvements, étaient postés le jour et la nuit autour de ses tentes. Les entrailles de la terre étaient donc la seule voie de fuite qui fût laissée au sultan.

Sur le plan donné à ces mineurs par Mohammed, ils s'établirent dans une tente la plus rapprochée de l'enceinte où s'élevait celle de Bajazet, et, après avoir étudié de l'œil la distance et la direction d'une tente à l'autre, ils creusèrent sans bruit un boyau qui aboutissait sous le tapis du prisonnier. Quelques coups de pioche suffisaient au premier signal pour percer le plancher de la tente impériale, et pour faire disparaître Bajazet aux recherches de ses gardiens. Des coursiers rapides, placés par Mohammed de distance en distance sur les sentiers des montagnes qui conduisent à Amasie, assuraient le succès de sa fuite.

XXXIV.

Bajazet et le chef des eunuques, Firouz-Beg, qui couchaient seuls dans la tente, étaient déjà revêtus de leurs caftans et de leurs armes pour descendre au dernier éboulement du sol dans le souterrain, quand les gardes de minuit, qui venaient relever ceux de la veille, entendirent un bruit étrange sous leurs pieds, et, collant l'oreille à terre, reconnurent les coups sourds et réguliers de la sape. Ils se précipitèrent dans la tente du sultan, et ne doutèrent plus de son plan de fuite en le trouvant debout, vêtu et armé, avec le chef des eunuques. Les mineurs, entendant à leur tour le bruit et les reproches des gardes sur leur tête, favorisés par l'ignorance où l'on était de la direction et du point de départ du souterrain, jetèrent leurs outils, regagnèrent leur tente avant qu'elle eût été visitée et s'évadèrent dans la campagne.

XXXV.

Timour, violemment offensé de ce que Bajazet s'était confié davantage à la ruse qu'à sa générosité, fit comparaître son prisonnier devant lui, lui reprocha sa tentative d'évasion comme un crime, et fit trancher, en sa présence, la tête de Firouz-Beg, son fidèle eunuque, pour avoir trempé dans le projet de délivrance de son maître. On laissa cependant à Bajazet ses tentes, ses honneurs et la liberté intérieure dont il avait joui jusque-là pendant le jour, mais on l'enchaîna pendant la nuit dans une de ces litières grillées, servant de lit, que les Turcs et les Arabes appellent *kafes*, et dans lesquelles les femmes voyagent portées entre deux mules. De là, la tradition populaire mais erronée, qui se répandit dans l'Orient, de la cage de fer où Timour avait enfermé le sultan.

XXXVI.

Un jour que les deux souverains causaient familièrement après le repas de leurs fortunes diverses soumises à la distribution des destinées par Dieu à ses créatures :

« Il faut avouer, dit Timour au sultan, que nous devons tous deux de grandes actions de grâces au souverain maître des empires.

— Pourquoi cela? lui demanda Bajazet.

— Pour avoir donné ces empires, repartit Timour, à un boiteux comme moi et à un estropié comme toi. Voir un boiteux tel que je suis et un impotent tel que tu es, gouverner l'un l'Asie et l'autre l'Europe, n'est-ce pas la plus grande preuve du mépris que le souverain maître fait de l'empire? » Puis, changeant d'entretien : « C'est parce que tu as été ingrat envers Dieu, ajouta Timour, qu'il t'a envoyé ces châtiments par moi qu'il a chargé de te les infliger; mais maintenant, mon frère, ne t'afflige pas, l'homme qui vit remonte facilement à la prospérité. »

On apporta en ce moment à Timour un vase rempli de lait caillé, délices des repas tartares; Bajazet pâlit.

« Pourquoi pâlis-tu? lui demanda Timour.

— C'est que ce lait caillé, répondit le sultan, vérifie miraculeusement pour moi une prophétie que mon devin Djelaïr me fit un jour en m'annonçant que je mangerais du lait caillé avec le khan des Tartares.

— Ce Djelaïr, répliqua Timour en se moquant des devins qui substituent le merveilleux à la raison, seule inspiratrice de toute sagesse, était un habile homme et je lui dois bien de la reconnaissance; car, s'il n'avait pas été auprès de toi pour t'endormir de ses présages, tu aurais suivi ton bon sens, et tu ne serais pas ici maintenant avec moi. »

XXXVII.

Timour, pour consoler son prisonnier, lui permit de faire venir auprès de lui les femmes les plus chères de son harem. La princesse de Servie, sœur de Lazare, arriva au camp de Timour et y fut l'objet des respects du vainqueur de son mari. Timour exigea seulement un jour qu'elle lui tendît une coupe de vin de Chypre, seule vengeance qu'il voulut tirer de la lettre injurieuse dans laquelle Bajazet l'avait menacé lui-même de lui enlever son harem.

« Tes fils soulevèrent partout l'Anatolie et l'Europe contre moi, dit-il un jour à Bajazet; te reconnaîtraient-ils toi-même comme souverain si je te rendais la liberté?

— Brise seulement mes fers, répondit Ildérim, et je saurai bien les faire rentrer dans le devoir.

— Courage, sultan, répliqua Timour, je veux seulement te conduire à Samarcande, et, quand tu auras vu mon empire et ma capitale, je te renverrai avec une armée dans tes États. »

Mais Bajazet, découragé par les nouvelles qui lui arrivaient de Brousse et d'Andrinople, par la décomposition de son empire, par les désobéissances et les dissensions de ses fils, Soliman et Mohammed, tomba de ce jour-là dans une irrémédiable tristesse, et cessa de croire à la restauration de sa propre souveraineté.

XXXVIII.

Des corps de cavalerie tartare, lancés par Timour sur la ville de Nicée et jusque sur le rivage d'Europe, poursuivirent partout Soliman, fils aîné de Bajazet, qui cherchait à rallier les derniers combattants de son père. Mohammed-Schah, petit-fils de Timour et le plus cher de ses enfants, quitta les ruines de Brousse après l'avoir saccagée, rejoignit l'avant-garde de l'armée tartare dans le bassin de Jenis-chir, et célébra, sous les yeux de son aïeul et du sultan captif, son mariage avec la fille aînée de Bajazet, de sa captive devenue son épouse. Ce fut au moment de ce mariage, qui allait unir le sang de Timour au sang d'Othman, que le harem de Bajazet fut présenté en pompe, précédé de danseuses et de musiciens, à Timour, et restitué avec magnificence à Bajazet. Timour témoigna surtout le plus grand respect à la princesse de Servie, sœur du héros Lazare et femme principale du sultan. Cette impératrice, qui avait pratiqué jusque-là librement la religion chrétienne dans le palais de son mari, cédant à la nécessité qui lui était faite, abjura à Kutaïah la religion de ses pères et embrassa, par dévouement à l'infortune qu'elle voulait partager, la religion de son mari et de son vainqueur.

XXXIX.

La délicieuse vallée de Kutaïah, assignée en rendez-vous général de tous les fils, de tous les généraux et de toutes les troupes de Timour au retour de leurs expéditions dans toutes les provinces de l'Asie ottomane, fut illustrée alors par les fêtes qui couronnaient toutes les campagnes du conquérant. Timour, après avoir fait décapiter, sans pitié et sans considération pour leur services, ceux de ses lieutenants et de ses soldats qui avaient déshonoré la victoire par des crimes contre le Coran ou contre la conscience humaine, convia à un festin national toute son armée. Bajazet y assista lui-même, siégeant à une place d'honneur auprès du khan. Des esclaves innombrables de tous les pays et sous tous les costumes y servirent d'échansons aux Tartares. Les vins de Schiraz et de Chypre y coulèrent à grands flots. On ne pratiquait pas alors sévèrement la loi de l'islamisme, qui proscrit comme un péché l'usage de cette liqueur qui donne l'ivresse, mais qui donne aussi la cordialité, la force et la joie. La Perse y avait accoutumé les Tartares ; la Grèce et les îles de l'Archipel y avaient accoutumé les Ottomans.

Timour envoya de là des ambassadeurs en Égypte et à Constantinople pour ordonner au sultan de graver désormais son effigie sur la monnaie et pour exiger, de l'empereur de Byzance, le tribut que les Grecs payaient depuis longtemps aux Turcs. Un autre ambassadeur de paix fut envoyé à Soliman, fils aîné de Bajazet, qui s'était fortifié dans le château de Guzeldjé-Hissar, forteresse inexpugnable de la côte d'Asie, où il attendait le reflux des Tartares pour reconquérir l'empire démembré. Timour, dans son message, conviait Soliman à venir avec confiance reconnaître en lui, non le vainqueur, mais le protecteur de son père Ildérim.

Soliman répondit par l'organe de Ramazan, son propre ambassadeur, et par l'envoi d'un riche tribut de chevaux turcomans et d'oiseaux de proie dressés à la chasse.

« Dis à ton maître, répondit Timour à Ramazan, en accueillant avec faveur son tribut, que j'ai effacé le passé de ma mémoire ; qu'il vienne donc recevoir lui-même les preuves de ma réconciliation et de mon amitié. »

Il ne se montra implacable que contre le général

de Bajazet, Timourtasch, dont l'orgueil offensait le sien, et dont les possessions, égales à celles d'un sultan, couvraient la Cappadoce et la Caramanie.

« Dans quelles intentions, lui dit sévèrement Timour, as-tu accumulé tant de trésors? Ne convenait-il pas mieux de les dépenser au service de ton souverain pour l'aider à préserver de ma colère ses États, son trône et sa famille? Les ministres et les généraux qui s'enrichissent sont la ruine des empires. »

Timourtasch, soit maladresse de langue, soit insolence de cœur, répondit à Timour pour s'excuser :

« Mon empereur à moi, dit-il au berger tartare devenu roi des rois, n'est pas empereur d'hier ; il n'a pas besoin, pour solder ses armées, de l'or de ses généraux et de ses ministres, comme les princes parvenus récemment à l'empire, qui avant de posséder tout ne possédaient rien. — Insolent, repartit Timour, tu expieras cette injure par la perte de ta liberté, de celle de ta famille et de tes biens que j'allais te rendre. »

La captivité de Timourtasch et de ses enfants, ainsi que la confiscation de ses innombrables terres, esclaves et troupeaux, suivit en effet cette réplique. Il tomba de l'opulence d'un satrape dans l'indigence d'un derviche.

XL.

Au moment où Timour flottait indécis entre le retour à Samarcande et quelques pas de plus dans la voie de ses conquêtes en Anatolie, un intérêt à la fois religieux et politique l'appela inopinément à de nouveaux rivages et à de nouveaux exploits.

Il résolut de délivrer entièrement l'Asie Mineure de la terreur qu'une colonie militaire de la chrétienté faisait régner sur les mers de l'Ionie, et de délivrer les innombrables esclaves mahométans qui gémissaient dans les fers des chevaliers de Saint-Jean de Jérusalem, connus plus communément sous le nom de chevaliers de Rhodes, du nom de l'île célèbre qu'ils ont illustrée. Il était seul assez puissant parmi les princes musulmans pour rendre cet immense service à l'islamisme. Il voulait, par ce dernier exploit, couronner et sanctifier tous les autres. Parti de l'océan Indien, il lui était glorieux de ne s'arrêter qu'à cette autre mer presque européenne, qui pouvait seule borner ses conquêtes. Il rassembla son armée d'expédition à Kutaïah, et s'avança lentement, selon son usage, vers Smyrne. Plus il approchait des rives de la Méditerranée, plus les vallées de Bithynie, qui s'élargissaient et se décoraient devant lui de leur végétation méridionale, de leurs cités grecques et de leurs ruines pittoresques, vestiges de tant d'empires mal effacés de la terre, ravissaient ses regards. Laissant à sa droite les plaines de Nicomédie, la Propontide chargée de villes maritimes, les ruisseaux tièdes ou glacés et les racines ténébreuses du mont Olympe, il déboucha à la tête de trois cent mille Tartares, cavaliers ou fantassins, dans la vallée de Magnésie, cette opulente et verte Tempé de l'Asie Mineure. Il y fit goûter, quelques jours, à son armée les délices du jardin de l'Anatolie.

XLI.

Contournant ensuite la base orientale du mont Tmolus, il se répandit dans les gorges de Tyra, l'ancienne Thyatire des Grecs, ville qui rappelle, par les sommets qui l'ombragent, par les forêts qui la rafraîchissent et par les cascades qui l'arrosent, les villes de l'Helvétie adossées aux Alpes et respirant les brises des lacs et la résine des pins du Nord. Tyra, quoique à moitié grecque et chrétienne, s'ouvrit avec résignation aux Tartares; ils inondèrent de là la plaine encaissée du Méandre et celle du Caïstre, chantées par tous les poëtes de la Grèce, de Rome, et plus tard de la Turquie, pour l'ombre de leurs montagnes, la richesse de leurs pâturages, les sinuosités de leurs fleuves, la limpidité de leurs eaux, et pour la multitude des cigognes blanches qui font leurs nids sur ces rives.

L'auteur de cette histoire, par un jeu bizarre de la destinée des hommes obscurs comme des empires, possède aujourd'hui, dans ces vallées historiques, une partie des bords et des prés de ce Caïstre célébré par le poëte romain Virgile, et où campa Timour, au pied de la tour de Marbre qu'il y bâtit et qui donna son nom à la plaine de Burghaz-Owa.

XLII.

La moitié de l'armée tartare, sous les ordres de Mohammed-Schah, débouchait déjà par la vallée de Magnésie dans le bassin de Smyrne. Timour, avec l'autre moitié, abandonnant les bords du Caïstre à ses troupeaux et aux esclaves qui suivaient l'armée, apparut au même moment sur les hauteurs qui dominent le golfe et la ville. Jamais un horizon plus majestueux et plus délicieux à la fois n'avait enivré ses regards depuis sa descente dans la vallée de Cachemire. Mais la vallée de Cachemire n'était qu'une voluptueuse oasis de verdure et de lacs au sein des montagnes de l'Inde. La mer, autour de Smyrne, s'unissait aux montagnes, aux vallées et aux monuments des hommes pour enchanter les yeux et pour irriter l'ambition du conquérant du monde.

XLIII.

Selon son habitude, conforme aux préceptes du Coran qui ordonne de présenter toujours la capitulation et la paix avant la guerre, Timour fit élever pendant toute la première journée un drapeau blanc, signe de négociation, au sommet de sa tente; le second jour un drapeau rouge, signe de guerre déclarée; le troisième jour un drapeau noir, signe de carnage implacable et à mort. Ces trois jours donnèrent à la seconde moitié de son armée, commandée par Mohammed-Schah, son petit-fils, le temps de descendre tout entière les gorges de Magnésie et de se répandre sur la plaine de Bournabah, délices des habitants de Smyrne.

Les chevaliers, quoique intimidés par ce débordement d'hommes et de chevaux, dont les armes ruisselaient comme des torrents d'acier étincelant au soleil sur toutes les collines du golfe, ne délibérèrent pas un moment entre l'héroïsme et le martyre. Ils se fiaient à l'élévation de leurs murailles, à la profondeur de leurs fossés, au nombre et à la rapidité de leurs vaisseaux, à Dieu enfin, qui leur donnerait la victoire sur les ennemis du Christ. Ils répondirent avec dignité aux sommations de Timour. De nombreuses flottes, naviguant déjà entre les îles de l'Archipel et n'attendant qu'un vent favorable pour cingler dans le golfe, leur étaient annoncées de Sicile, d'Espagne et d'Italie. Ils se croyaient sûrs d'y trouver secours ou asile.

XLIV.

Le cri de *surun*, poussé par toute l'armée et le son des tambours tartares tombèrent le troisième jour au soir comme l'arrêt du destin sur Smyrne. Timour, comme à Siwas et à Bagdad, attacha des milliers de mineurs aux flancs des rochers sur lesquels étaient fondés les remparts. Les forêts voisines et les vergers des contours du golfe fournirent leurs arbres, qui, jetés avec tous leurs rameaux dans les fossés et allumés par des mèches de feu grégeois, entourèrent la ville d'un vaste bûcher dont le vent jetait la flamme et la fumée au sommet des murs. Les chevaliers, brûlés ou étouffés sur la brèche, tombaient dans ces fournaises ou cherchaient un abri dans la ville. Timour faisant approcher à force de bras des plates-formes montées sur des roues colossales, lançait ses soldats, comme sur des ponts, à travers des torrents de feu. Les chrétiens ne disputaient plus que l'entrée des rues derrière de récentes barricades. L'incendie courait depuis la citadelle jusqu'au port sous leurs pieds.

Le rivage seul leur restait encore. Ils apercevaient à l'entrée du golfe les nombreuses voiles qui louvoyaient pour leur apporter des combattants ou des abris.

Timour, qui dans cet assaut était descendu de son cheval et combattait lui-même la torche et le sabre à la main, ne voulut pas que la fuite de ses ennemis trompât sa colère. Dix mille tireurs de pierre furent envoyés par lui sous l'abri des flèches de deux cent mille fantassins pour fermer l'accès du côté du port de la grande mer aux vaisseaux chrétiens.. Ces ouvriers détachèrent et roulèrent du flanc des montagnes voisines des blocs de rocher qu'ils précipitèrent dans la mer à l'endroit où les deux môles s'entr'ouvraient pour recevoir les navires. Les restes de cette digue gigantesque subsistent encore et ont déplacé le port nouveau de Smyrne de l'anse primitive qu'il occupait. Les navires, en échouant contre ces rochers, ravirent aux chevaliers et aux chrétiens leur dernier refuge. Enfin, pour pénétrer dans les deux forts maritimes qui flanquaient la rade et auxquels la mer servait de fossé, Timour fit élever, à force de nombre, au-dessus des flots, un pont sur pilotis couvert de terre que ses mineurs, protégés par ses soldats, approchèrent pas à pas des forts jusqu'à ce que les sommets des remparts et le pont n'offrissent plus qu'un niveau égal, et que ses combattants, pressés par des milliers d'autres, pussent déborder comme une mer d'hommes dans les forts. L'intrépidité des chevaliers céda au nombre, non à la terreur. Ils trouvèrent leur sépulcre dans les deux forts. Ceux qui occupaient encore la citadelle supérieure avec Guillaume de Mine, maître de l'hôpital, ne voyant plus rien à sauver que leur vie, sortirent en colonne serrée, l'épée à la main, s'ouvrirent une route sanglante à travers les flammes et le sang de la haute ville, se jetèrent dans les montagnes inaccessibles aux cavaliers tartares, contournèrent de crête en crête le golfe et furent recueillis un à un du côté des rochers de Phocée par les galères chrétiennes qui voguaient sur le golfe. Des femmes, des enfants, des vieillards, qui avaient suivi jusque-là cette colonne de chevaliers pour se sauver comme eux sur les vaisseaux d'Europe, se précipitèrent en vain dans la mer, s'attachant aux câbles, aux rames et aux ancres, et invoquant la pitié des matelots; les galères, trop chargées, ne pouvaient sans sombrer recevoir cette déplorable multitude. Tout périt dans les flots ou se répandit pour périr bientôt dans les forêts sous la flèche des Tartares. Timour, afin de décourager les navires européens de leur recherche compatissante sur les bords du golfe, fit charger avec des têtes d'hommes coupées les canons des remparts de Smyrne et les fit tirer sur les vaisseaux. Ces têtes mutilées, flottant sur la mer ou roulant sur les ponts des navires, répandirent une telle horreur parmi les matelots, que les flottes s'enfuirent à toutes voiles, abandonnant la population chrétienne de Smyrne et des côtes à l'insatiable vengeance des Tartares.

Les Génois, qui possédaient dans le golfe le port fortifié et la délicieuse campagne de l'antique Phocée, mère de Marseille, ainsi que les îles opulentes de Chio et de Lesbos, tremblant d'irriter le fléau de l'Asie, lui envoyèrent des ambassadeurs pour le complimenter sur son carnage et pour reconnaître sa souveraineté. Il les épargna à ce prix, et, après avoir saccagé et incendié Smyrne, toujours prompte à renaître de sa situation naturelle, de sa fertilité et de son golfe, il salua d'un adieu la Méditerranée, et reprit par Éphèse la route de la plaine du Caïstre et du Méandre pour retourner à Kutaïah.

Pendant trente jours, il fit effacer du sol d'Éphèse, cette Rome du paganisme, les vestiges des temples antiques déjà effacés par les chrétiens. Sa colère contre les descendants des païens et des chrétiens s'était accrue sur sa route en traversant les colonies de la Grèce antique et de la Grèce chrétienne. Les plus humbles soumissions ne le touchaient plus.

Une ville grecque de la côte d'Éphèse ayant envoyé au-devant de lui pour implorer sa pitié une multitude d'enfants des deux sexes qui chantaient ses louanges et qui récitaient des versets du Coran pour flatter son culte : « Qu'est-ce que ce bêlement de brebis qui importune mes oreilles ? dit-il à ses émirs. — Ce sont les enfants de la ville envoyés par leurs parents au-devant de votre cheval pour vous supplier d'épargner leurs pères et leurs mères. — Que les chevaux des Tartares les écrasent tous sous leurs pieds ! » s'écria Timour. La cavalerie de l'avant-garde s'élança à ces mots sur ces innocents, et des milliers de cadavres d'enfants mutilés tracèrent la route de Timour. L'habitude du sang répandu avait fini par donner à Timour le dernier degré de la brutalité guerrière, l'indifférence du sang.

XLV.

L'incendie de Smyrne, d'Éphèse et de toutes les villes de la côte d'Ionie où la civilisation grecque avait jeté pendant tant de siècles sa population, ses lettres, ses religions, ses arts, fut le seul monument qu'éleva le conquérant tartare en vue de l'Europe consternée. Des monceaux de cendre marquèrent sa trace; il disparut dans la fumée de ces capitales et regagna lentement, comme un pasteur qui ramène ses troupeaux du pâturage, la route de la Perse et de la Tartarie. Il emmenait un empereur captif, et il emportait les dépouilles de toute l'Asie Mineure. L'impossibilité de créer en quelques mois une marine pour faire traverser la Propontide ou le Bosphore à cette multitude l'avait seule empêché d'effacer du sol la capitale de l'empire grec, Constantinople. Il laissait cette dernière démolition du vieil Orient à accomplir aux Ottomans.

Son projet paraissait toujours de reconstituer fortement leur empire, involontairement ébranlé par la bataille d'Angora, et de le restituer à Bajazet-Ildérim à des conditions de vassalité et d'alliance, quand il aurait conduit ce souverain captif à Samarcande pour en décorer son triomphe, et quand il lui aurait fait contempler l'étendue et la population de son empire presque universel. Mais la mort de Bajazet trompa sa politique.

Timour porta son deuil et remit son corps à son fils Mousa pour le porter à Brousse au tombeau de sa famille. Il rendit la liberté à la princesse de Servie, sa veuve, et aux femmes de son harem.

XLVI.

Timour touchait lui-même avec tristesse au déclin de la vie et à l'anéantissement de ses espérances mortes avant lui. Son petit-fils Mohammed-Schah, pour lequel il avait deux fois le cœur d'un père, et qui justifiait cette prédilection par tous les dons de l'esprit, de l'âme et du corps, mourut à l'âge de dix-huit ans à Akschyr. Timour, qui lui destinait l'empire de Samarcande pendant que son propre fils Schah-Rokh régnerait sur la Perse, faillit expirer de douleur sur le corps inanimé de cet enfant. Il affecta en vain, en reparaissant en public devant ses émirs, la religieuse résignation commandée par le Coran à ceux qui perdent ce que la terre ne peut plus leur rendre.

« Nous sommes de Dieu, s'écria-t-il en courbant la tête, et nous retournons à Dieu! » Mais son cœur ne pouvait se consoler qu'en faisant à ce favori de ses vieux jours des obsèques longues comme le continent de l'Asie et un deuil universel comme sa puissance. Par ses ordres, et comme si l'empire avait été la famille de Timour, les princes de sa maison, les émirs, les grands de la Tartarie et de la Perse, les armées, les peuples, se revêtirent de noir, couleur de la nuit des tombeaux. Les fourrures d'hermine qui décoraient les caftans et les robes furent remplacées par le feutre gris et grossier des chameliers et des mendiants tartares. Les femmes se roulèrent, leurs cheveux épars, dans la poussière et ramassèrent des cailloux dans le pan de leur voile pour se meurtrir le sein en poussant de tristes hurlements sur le passage du cercueil. Un banquet funèbre fut célébré à Akschyr. L'armée entière y était conviée.

Pendant le festin, des imans ou lecteurs, distribués de place en place de manière à être entendus de ces millions de convives, lisaient à haute voix le Coran. Le tambour colossal des Mongols, dont les sons vibrent comme ceux d'un gong indien, jusqu'à des distances énormes, était frappé d'intervalle en intervalle pour imiter les coups de l'homme affligé sur sa poitrine. Après le festin, on brisa ce tambour sacré pour qu'aucune douleur humaine ne retentît plus jamais sur cet orgue d'une inconsolable douleur, et les femmes remplirent pendant toute la nuit les airs d'un universel gémissement. Les sept premiers émirs, compagnons et généraux de Timour, escortèrent jusqu'au delà de l'Oxus, avec leur corps d'armée, le cercueil du jeune schah porté sur une litière d'or et voilé d'un linceul brodé de pierreries. Ils le déposèrent au tombeau de sa famille. Ce Germanicus des Tartares laissa une précoce mémoire et un long regret après lui depuis le pied de l'Hymalaya jusqu'aux frontières de la Chine et au désert de l'Euphrate.

Timour s'avança lentement et tristement à la suite de ce cercueil qui renfermait ses espérances mortes de perpétuité de règne. Il rentra triomphant, mais déçu, le 10 juillet 1404, dans sa ville de Samarcande. Les députations innombrables de toute la Tartarie l'y attendaient pour solenniser le triomphe et le héros de leur race. Les sages, les savants, les artistes, que le législateur tartare avait envoyés de tous les pays dans sa capitale pour civiliser ses compatriotes, eurent ses premiers regards et ses premières faveurs. Avant de rentrer dans son palais, où son harem et ses enfants fêtaient le retour de ce patriarche vainqueur du monde, Timour alla descendre au *jardin des Platanes,* sorte de promenade académique de Samarcande qui entourait les logements consacrés aux philosophes, aux historiens, aux poëtes par Timour. Il consacra ce jardin et ce palais à la mémoire et au nom de son favori, Mohammed-

Schah, pour que la postérité partageât éternellement l'amour et les regrets qu'il nourrissait pour son petit-fils. De là, il alla habiter, tour à tour, tantôt le palais du *jardin des Eaux*, tantôt le palais du *jardin de l'Éden*, tantôt le palais de sa favorite Toukel-Khanum, appelé le *jardin qui dilate le cœur*. Il conservait ainsi, disent les traditions tartares, sous ces demeures de pierres, de cèdre et de marbre, l'instabilité de la vie nomade sous les tentes, souvenir de sa vie de pasteur et délices de la vie de guerrier.

Les architectes arabes et grecs qu'il avait amenés de Damas et de Smyrne lui construisirent, pendant ces jours de loisir entre deux conquêtes, un palais dont les vestiges étonnent encore les yeux, et dont la description par les historiens contemporains de son triomphe égale en magnificence celle de Bagdad, de Babylone et de Delhi. Chacune des façades de ce palais, semblable aux façades des gigantesques édifices de Baalbeck, avait quinze cents coudées d'étendue. Quatre de ces façades enfermaient les cours et les jardins embellis d'ombrages, de parterres, de fontaines jaillissantes, sous des avenues de colonnes. Les sculpteurs syriens avaient incrusté toutes les murailles intérieures, comme celles de Palmyre ou du Parthénon. Les murailles extérieures étaient revêtues de porcelaine de Chine et de Perse, dont le poli, le vernis et les couleurs variées réfléchissaient les rayons du soleil et éblouissaient les yeux. Les salles et les chambres, pavées en mosaïque imitant en dessin et en couleur les tapis du Khorassan, étaient lambrissées d'ébène et d'ivoire ciselés par les Arabes du Caire. Les ruisseaux et les jets d'eau murmurant dans l'albâtre répandaient la vie et la fraîcheur sous l'ombre des dômes peints par le pinceau des artistes grecs. C'est dans ce palais qu'il célébra, en un seul jour, le mariage de six de ses petits-fils, parvenus à l'adolescence pendant son éloignement de la capitale. Les fables arabes n'atteignent pas la splendeur historique de ces fêtes. Les dépouilles de l'univers jonchaient les appartements et les jardins sous les pieds des jeunes époux. Les perles, les saphirs, les diamants pleuvaient comme une poussière sur leurs têtes. Les animaux rares de toutes les contrées du globe, depuis les girafes de l'Éthiopie jusqu'aux autruches du Sennaar et aux lions de l'Afrique, y furent présentés aux fiancés. Neuf fois on revêtit les fiancés, sous les yeux de Timour, de vêtements magnifiques qu'ils dépouillaient à l'instant pour être revêtus de nouveau ; neuf fois on leur ceignit des ceintures solides d'un tissu de perles et de diamants; neuf fois on leur posa et on leur enleva, pour les leur reposer encore, des couronnes et des diadèmes persans; neuf fois ils se prosternèrent dans la poudre d'or aux pieds de leur aïeul en frappant le plancher de leur front.

Ces fêtes étaient ses adieux à Samarcande. Sa vie n'était qu'un pèlerinage incessant à travers le monde pour y porter la loi du prophète et le joug des Tartares. Bien qu'il comptât déjà soixante-quatorze années de vie et que sa famille, à laquelle il avait tant d'empires à laisser en héritage, se composât, à cette époque, de trente-six fils ou petits-fils vivants et de dix-sept filles dont tant de princes se disputaient la main comme un gage de sécurité ou de faveur, Timour, au sein de cette gloire, de cette prospérité et de ces délices, rêvait la conquête de la Chine, seul empire libre qui confinât, dans l'extrême Orient, avec ses possessions.

XLVII.

Ce n'était pas l'insatiabilité de l'âme humaine ni l'ambition sans fond du conquérant qui poussait le vieux guerrier et le législateur heureux à abandonner de nouveau sa capitale, sa famille, et à risquer même sa gloire et sa vie pour traverser les déserts inhabités de la Tartarie avec tout un peuple et pour aller subjuguer un autre peuple inoffensif de deux cent millions d'hommes ; c'était le zèle de l'unité de religion. Il considérait les peuples de la Chine, aussi civilisés, aussi philosophes et plus pénétrés de l'unité de Dieu que ses hordes, comme des idolâtres qui déshonoraient l'idée de la Divinité par des cultes sacriléges. Les incarnations symboliques de Bouddha et les doctrines de Confucius, mal connues de Timour et de ses contemporains, lui paraissaient des idolâtries aussi dégradantes que celles des païens et des Grecs qu'il venait de détruire et que son devoir de vrai croyant était de renverser partout où Dieu lui donnait la force et lui montrait un crime contre sa sainteté.

Timour, obsédé de cette pensée et de ce remords, qui sanctifiaient selon lui tant de sang répandu sur sa route, flottait entre le repos, ambition de la vieillesse, et une nouvelle campagne commandée par la foi. Ses femmes, les mères de ses fils, les femmes plus jeunes qu'il avait ramenées de ses conquêtes dans ses harems, le sollicitaient à la paix; ses conseillers et ses sages le pressaient de consolider au lieu d'élargir son empire. Il penchait pour ce dernier conseil; mais il croyait entendre en songe la voix du Prophète, qui lui reprochait sa prudence tout humaine et son oisiveté. Pour se décider, il convoqua à Samarcande l'assemblée générale de tous les émirs et de tous les sages de l'empire. Le lieu de ce congrès des royaumes tributaires et des Tartares de toutes les tribus fut assigné sous des tentes, dans la plaine sans bornes qui entoure Samarcande. Aucune capitale n'était assez vaste pour contenir ce conseil armé de rois et de peuples. Les fêtes du mariage de ses fils, qui furent le prétexte de ce rassemblement, s'y renouvelèrent et s'y prolongèrent pendant quelques semaines.

XLVIII.

Ces fêtes terminées, Timour, s'enfermant avec les principaux sages et religieux de l'empire, dans l'intérieur de sa tente, adressa à Dieu une prière aussi digne d'un philosophe que d'un maître passager du monde. La voici :

« Grand Dieu ! Dieu unique et incompréhensible qui es au-dessus de tout ce que l'esprit humain peut concevoir, et dont la nature n'est connue que de toi-même, étant tout à toi seul, et tout le reste n'étant rien ! comment pourrais-je te rendre assez d'hommages et t'exprimer, moi, misérable créature, une reconnaissance égale à tes dons, puisqu'ils sont infinis ? De mon néant tu m'as créé, de ma bassesse tu m'as élevé, de ma pauvreté tu m'as enrichi, de ma petitesse d'origine tu m'as fait le plus puissant des dominateurs du monde. Je tiens de toi seul la victoire dans tant de batailles, et la conquête de tant de royaumes ; car, que suis-je, moi, pauvre et misérable créature ? Je ne serais capable de rien si tu ne me comblais de ta force et de ta grâce ; dans la paix, tu me gratifies du loisir et de la joie; dans la guerre, tu me décernes la victoire ; dans le gouvernement, tu me maintiens la souveraineté, redouté des nations étrangères et aimé de mes peuples. Continue donc le cours de tes faveurs pour ta créature ; puisque tu m'as appelé dans ta miséricorde, ne me congédie pas dans ta colère ! Je connais que je ne suis que poussière, et que, si tu m'abandonnes un seul instant, toute ma gloire se changera en humiliation et toute ma grandeur en néant ; ne me fais pas rougir à cause de mes fautes, moi que tu as accoutumé à me glorifier de tes bienfaits ! Et je mourrai à mon heure, après avoir achevé ton œuvre, heureux et en bénissant ton nom. »

Cette prière du Salomon des steppes démentirait seule les imputations de fanatisme et de barbarie dont les historiens de l'Occident déshonorent les grandes personnalités de l'Orient. Tout lointain leur paraît ténèbres, et les sources mêmes de la morale indienne leur semblent voilées de leur antiquité.

XLIX.

Timour, après cette invocation mystérieuse, parut devant le conseil de la nation et adressa à tous les émirs, à tous les vieillards, à tous les lettrés de l'empire, un discours digne de sa prière :

« Dieu, leur dit-il textuellement, par une faveur toute gratuite, nous a favorisé d'un bonheur si extraordinaire, que nous avons conquis l'Asie le sabre à la main, que nous avons vaincu et terrassé les plus grands rois de la terre ; il y a eu dans les siècles passés peu de souverains qui aient acquis de si grands États, ni qui soient parvenus à une si haute puissance, qui aient eu de si nombreuses armées, ni un commandement si absolu ; et, comme ces grandes conquêtes ne se font pas sans beaucoup de violence, ce qui a causé la ruine totale d'un nombre infini de créatures de Dieu, j'ai résolu de mettre mon étude à faire quelque bonne œuvre qui soit une espèce de satisfaction des crimes de ma vie passée, et d'accomplir un bien dont tout le monde n'est pas capable :

c'est de faire la guerre aux infidèles et d'exterminer les idolâtres de la Chine, ce qui ne peut se faire sans une grande force et une entière puissance; il est donc à propos, mes chers compagnons, que ces mêmes troupes qui ont été les instruments des fautes passées soient aussi les instruments de pénitence, c'est-à-dire qu'il faut qu'elles se mettent en marche pour aller à la Chine, et acquérir le mérite de cette sainte guerre en abattant les temples des idoles et ceux du feu, et faisant en leur place bâtir des mosquées et des chapelles; nous obtiendrons, par ce moyen, le pardon de nos fautes, comme l'assure le Coran, disant que les bonnes œuvres effacent les péchés du monde. »

L.

Une acclamation encouragea le khan à une entreprise qui complaisait à la fois à l'antipathie populaire et au préjugé religieux des Tartares. Le ciel en récompense aux martyrs, la dépouille d'un empire immense et opulent aux vainqueurs, entraînaient ensemble l'imagination des Tartares vers le fleuve Jaune. Les émirs partirent de la plaine de Kanighul pour aller rassembler leurs troupes et pour les conduire avec leurs troupeaux et leurs chameaux au rendez-vous national assigné par le khan.

Timour rentra en les attendant à Samarcande. Il y trouva sa maison troublée et divisée par une de ces aventures de harem qui influent, plus fréquemment qu'on ne le remarque, en Orient, sur la politique des princes et sur le sort des empires. Les mœurs et les lois religieuses relèguent en vain les femmes dans la servitude et dans le mystère du harem; la nature, la beauté et l'amour leur rendent la place que Dieu leur a faite dans le cœur de l'homme.

Un des petits-fils que Timour venait de marier dans les fêtes nuptiales dont nous avons décrit la magnificence, le jeune sultan Khalil-Schah, avait délaissé, après peu de jours, sa femme enceinte pour une jeune beauté persane, esclave d'une autre princesse du sérail. Cette esclave, célèbre depuis en Tartarie et en Perse, comme Hélène en Grèce, par la passion qu'elle inspira à Khalil et par les calamités qui dérivèrent de cet attachement, fut dénoncée à Timour par l'épouse de Khalil, nièce aussi du khan, comme la cause de la froideur et de l'abandon de son mari. Timour ordonna le supplice de la jeune esclave, occasion des troubles de son palais. Khalil déroba son amante aux recherches des eunuques exécuteurs de l'arrêt de l'empereur. La sultane Validé, qui gouvernait les harems de toute la famille impériale, se laissa attendrir elle-même par les supplications de Khalil en faveur de sa maîtresse, et lui donna asile dans ses appartements. Timour accorda la vie à la belle esclave qui donna bientôt un fils à Khalil; mais il défendit à son petit-fils tout commerce avec elle. Khalil éluda cet ordre de son aïeul par toutes les ruses qu'inspire l'amour; les périls de ce commerce clandestin entre l'héritier du trône et sa maîtresse accrurent la violence et la constance de leur passion. Rien ne put arracher le prince à un attachement que les Tartares attribuèrent au sortilége qui lui fit, peu de temps après, poser la couronne d'impératrice sur le front d'une concubine, et qui ruina le vaste empire de Timour par la main d'une esclave de Circassie.

LI.

Timour, qui croyait avoir pourvu par sa rigueur au danger d'une passion passagère dans sa famille, sortit enfin de Samarcande pour entraîner à sa suite deux millions de combattants Tartares vers les frontières de la Chine. Les impératrices, ses fils, ses petits-fils, ses ministres, sa cour, sa capitale presque tout entière, le suivaient. L'hiver, prolongé en Tartarie, glaçait encore les steppes couvertes d'une surface de neige sans limite. Le conquérant, sachant par ses géographes quel immense espace il avait à parcourir avant de franchir les frontières des steppes, ne voulut pas attendre le printemps. Des milliers d'hommes et d'animaux jonchèrent, les premiers jours, le désert de leurs cadavres; ils furent remplacés par d'autres, comme de vils matériaux d'une grandeur qui ne comptait pas les hommes, mais les résultats.

« Les oiseaux de proie, disent les historiens des deux campagnes, ne pouvaient suffirent à dépecer les cadavres que l'armée laissait chaque nuit derrière elle. »

LII.

Mais l'arsenal d'hommes de Timour était inépuisable, comme les tentes de ses Tartares. Le printemps, qui souffla enfin, fondit la neige, découvrit les pâturages et fit ruisseler, de halte en halte, les sources et les rivières marquées par les géographes. Timour arriva, toujours avec deux millions d'hommes, à Otrar, ville centrale de la Tartarie, entre le fleuve Sihon et le fleuve Gihon. Il envoya en avant des cavaliers pour s'assurer si l'armée pouvait encore traverser ce fleuve profond sur la glace, ou pour construire des ponts. Les cavaliers revinrent et rapportèrent que les neiges des montagnes du bord du fleuve étaient encore épaisses de trois coudées et engloutiraient inévitablement l'armée. Timour fut contraint d'attendre à Otrar le ramollissement de la saison. Il était déjà à vingt marches de Samarcande. L'incendie qu'il avait promené par toute la terre sembla le poursuivre lui-même au fond de ces déserts. Le palais qu'il habitait avec sa famille et sa cour brûla en une nuit et dévora une partie de ses richesses. Otrar, comme Moscou de nos jours, semblait se dérober par la flamme à la servitude. La multitude qui suivait l'armée mourait de froid et de faim. Timour voulut renvoyer les impératrices et leurs enfants à Samarcande. Elles refusèrent de l'abandonner dans ses dangers et dans sa vieillesse. Il fut saisi d'une fièvre d'angoisse dont le délire lui donnait des songes réputés divins. Les houris, ombres des femmes qu'il avait tant aimées pendant sa jeunesse, lui apparaissaient et lui ordonnaient de se repentir de ses égarements avant de paraître devant son Dieu. Il s'humilia devant le jugement qu'il allait subir. En vain Tébrizi, le plus célèbre médecin de l'Asie, qui l'accompagnait dans toutes ses campagnes, lui prodigua toute sa science et tout son zèle ; il se sentit frappé à mort, et il la contempla de son lit avec autant d'intrépidité qu'il l'avait contemplée si souvent sur les champs de bataille. Il assembla autour de son tapis ses femmes, ses fils, ses petits-fils, ses ministres, ses émirs, dicta son testament, dont chaque legs était un empire, et édifia, par un dernier discours digne d'un sage, ce monde qu'il avait asservi pendant soixante ans.

« Je sens avec évidence, dit-il d'une voix encore ferme, que mon âme veut abandonner mon corps vieilli et fatigué; elle va habiter un meilleur séjour à l'ombre du trône éternel de Dieu; ne pleurez pas, ne poussez ni lamentations, ni gémissements; les larmes et les cris ont-ils jamais arrêté la volonté de Dieu? Au lieu de déchirer vos vêtements, de vous frapper le sein et d'arracher vos cheveux, élevez vos prières au ciel pour qu'il daigne me pardonner les fautes et les excès de ma longue vie. J'ai réussi à donner à la terre d'Iran (la Perse) une telle justice et un tel ordre que nul aujourd'hui n'y peut opprimer son prochain, et que les forts y respectent les faibles. Quoique je connaisse l'instabilité de l'empire, ajouta-t-il en s'adressant à Djehanghyr et à ses autres héritiers, cependant je ne vous conseille pas de dédaigner ni d'abdiquer la puissance que je vous lègue, car cela causerait du vide et des désordres dans les royaumes, et la sûreté publique, le plus grand bien des hommes, en serait altérée. Dieu, au jour du jugement, nous demandera compte, des charges que nous avons reçues de lui en naissant. »

Il nomma ensuite Pir-Mohammed-Djehanghyr héritier du monde asiatique et souverain de Samarcande après lui, et lui fit, en sa présence, prêter serment par tous les émirs. Il pleura ensuite, non de quitter le monde, mais de ne pas pouvoir embrasser une dernière fois son fils Schah-Rokh, qui gouvernait alors l'Iran en son nom; puis il dit aux émirs « Allez, vous n'aurez plus d'autre audience de moi ici-bas; je vais comparaître moi-même à celle d'Allah. »

Ses femmes et ses enfants, qui entendirent ses suprêmes paroles du fond de la tente où ils sanglotaient derrière le rideau, se précipitèrent alors inondés de larmes autour de son tapis. Il les consola et leur donna des conseils secrets pour conserver l'harmonie entre ses nombreux enfants, que les dissensions intestines détruiraient les uns par les autres. Puis, répétant une dernière fois son mot favori, qui résumait, selon lui, toute sagesse humaine dans la résignation aux volontés d'un seul maître : « Nous sommes de Dieu, dit-il, et nous retournons à Dieu! » Et il expira.

LIII.

L'armée tartare, sans âme et sans chef après lui, revint à Samarcande. Cet empire de la victoire, qui n'avait pour centre que la vie et pour lien que la main d'un grand homme, tomba promptement en lambeaux. Le nom seul de Timour resta le plus grand nom des destructeurs d'empires qui aient jamais promené le fer sur la face du globe, sans en excepter ni Alexandre, ni Gengis-Khan, ni César, ni Napoléon. Mais Timour, à travers l'obscurité qui couvre ses desseins et la poussière qui sort de ses démolitions, ne paraît pas avoir parcouru la terre, comme le représentent les historiens occidentaux, en barbare ivre et sanguinaire, ne cherchant qu'à grandir son nom sur l'asservissement de sa patrie et sur les ruines des royaumes. Tout indique, en étudiant de plus près son caractère, ses actes, ses paroles, ses institutions, qu'il poursuivait un dessein religieux et civilisateur pour les Tartares et pour l'Orient, et qu'il avait rapporté de ses conquêtes autant de sagesse que de gloire à la fin de sa vie. Mahomet fut le révélateur, Timour le conquérant d'une même doctrine. Fléau des idoles, apôtre armé, il portait la mort, mais il portait au moins une grande idée devant lui. Le Coran lui avait paru, de tous les livres sacrés de l'Asie, celui qui sapait le plus de superstitions et qui apportait le plus de raison dans la conception et dans le culte du Créateur. Il s'était fait le soldat, mais le soldat indépendant et philosophique du Coran. Il reconnaissait et il admirait dans le christianisme une des sources pures du Coran. Si la vieillesse et la mort ne l'avaient pas arrêté sur la route de la Chine, et s'il avait connu les doctrines spiritualistes de Confucius, il est probable que Timour aurait fondu lui-même, en une seule religion purement philosophique, pour ses empires, les trois cultes auxquels il empruntait leur dogme, leur morale et leur civilisation. Alexandre n'avait pour mobile que l'éblouissement de la postérité, César que l'empire, Gengis que l'espace, Napoléon que la gloire; Timour, comme Charlemagne, avait de plus la religion; pour être le Charlemagne des Tartares, il ne lui manqua que le temps. Mais la Providence maudit ces déluges de sang humain, pour quelque cause que ces fléaux de la terre le répandent, et rien ne germe dans ce sang que les noms stériles qui semblent grandir un homme, mais qui rapetissent l'humanité.

Tel apparut et disparut Timour, le frère de race, mais le Caïn des Ottomans.

DJEM ou ZIZIM

DJEM

PRINCE OTTOMAN

—

1459 — 1495

—

I.

La mort avait frappé Mahomet II en 1441, au moment où il allait conquérir la Syrie et peut-être l'Égypte. Une maladie violente et prompte comme son sang l'avait saisi sous ses tentes, à la première marche de ses troupes, campées dans un site qu'on nomme la *Prairie du Sultan*. L'armée ignora plusieurs jours sa mort. Les eunuques et les médecins, affidés au grand vizir, motivèrent seulement la halte forcée par une maladie légère du sultan qui l'obligeait à retourner prendre des bains à Constantinople.

Pendant cette halte, le grand vizir préparait l'empire au second fils de Mahomet, Djem ou Zizim, le favori de son père et l'espérance du vizir, au détriment de Bajazet, à qui le trône appartenait par droit d'aînesse, mais dont on redoutait justement le règne. Cependant, pour paraître irréprochable à tout événement, le vizir envoya un chambellan, Keklik-Mustafa, à Bajazet, gouverneur d'Amasie, pour lui annoncer la mort de son père et pour l'inviter à se rendre à Constantinople. Keklik-Mustafa avait ordre de perdre du temps en route et de laisser le bénéfice des heures à une astucieuse combinaison d'événements. Cette combinaison, qui devait assurer le trône à Djem et la mort de Bajazet, était d'autant plus sûre du succès, qu'Amasie, résidence de Bajazet, était à neuf jours de route de Constantinople, et que Magnésie, où résidait en ce moment Djem, n'était qu'à quatre journées du camp. Djem, en se présentant le premier aux pachas, aux troupes et au peuple, sous les auspices du grand vizir, emporterait d'acclamation le trône avant que Bajazet fût averti de la mort de Mahomet II. Un courrier rapide et confidentiel porta à Djem, à Magnésie, le plan du vizir.

Un excès de prudence perdit Djem et son protecteur. Dans la crainte que Bajazet, arrivé le premier à Constantinople, n'enlevât par sa présence le cœur des janissaires qui y étaient restés en garnison, le grand vizir leur envoya l'ordre de passer le Bosphore et de se rendre immédiatement au camp de la Prairie impériale. Pendant qu'ils exécutaient cet ordre inusité, une litière fermée de grilles et de rideaux et escortée d'eunuques et de gardes sortait du camp et s'avançait vers Scutari. C'était, disait-on, le sultan malade qui se faisait transporter pour le bain dans son sérail de Constantinople. Le camp et le peuple ne soupçonnaient rien ; mais cette litière impériale ayant été rencontrée à moitié chemin du camp à la mer par les janissaires mécontents qui marchaient vers la Prairie impériale, la rumeur d'une supercherie perfide se répandit tout à coup parmi les soldats. Ils s'attroupèrent autour du cortége, et demandèrent à grands cris qu'on leur montrât leur empereur. Les rideaux ouverts ne leur montrèrent que le cadavre de Mahomet II. A cet aspect, ils soupçonnèrent un crime d'État, arrêtèrent la litière, coururent au camp appeler leurs camarades à la vengeance, revinrent en tumulte au bord de la mer, s'y embarquèrent de force dans toutes les petites rades de la côte d'Asie, arrivèrent en pleine sédition à Constantinople, pillèrent le quartier des Juifs, les palais des pachas suspects de prédilection pour Djem, entrèrent d'assaut dans le sérail et tranchèrent la tête au grand vizir, qu'ils accusaient d'avoir prémédité l'usurpation du trône et la mort du sultan légitime, au profit de son frère. Le cadavre à peine refroidi de Mahomet II assista ainsi à l'anarchie causée par sa mort. Un interrègne sanglant consterna pendant quelques jours Constantinople sans empereur et sans vizir.

II.

Cependant le divan, les pachas, les vizirs et l'armée, revenus au bruit de ces séditions et de ces meurtres dans la capitale, s'assemblent au sérail pour sauver l'empire en proie à l'anarchie de la soldatesque. Ils chargent d'une dictature unanime Ishak-Pacha, homme intègre et ferme, respecté des soldats. Ishak rassemble une poignée de janissaires et de chiaoux fidèles, affronte courageusement avec l'autorité de la loi et le sabre des bourreaux les séditieux. Secondé par les citoyens et les mollas, il les réprime, les intimide et les force à rentrer dans l'ordre. Pressé de terminer un interrègne que la dictature seule ne pourrait pas longtemps dominer, il court au sérail où Mahomet II avait retenu en ôtage deux enfants de ses fils, l'un appelé Korkhoud, fils de Bajazet, âgé de huit ans, l'autre nommé Ogouz-Khan, fils de Djem, encore au berceau. Il présente Korkoud à l'armée qui le proclame sultan provisoire en attendant l'arrivée de son père, et qui se prosterne devant lui. Le peuple ottoman, qui ne voit le droit de la nation que dans le droit de famille, se soumet sans murmure à ce couronnement d'un enfant.

III.

Cependant, comme si la fortune avait voulu couper un à un tous les fils de la trame tendue par le grand vizir décapité, le confident envoyé par ce vizir à Djem pour l'appeler à la Prairie impériale n'était pas arrivé jusqu'à Magnésie ; rencontré en route par Sinan-Pacha, gouverneur d'Anatolie, qui avait ouvert ses dépêches, Sinan-Pacha, partisan intéressé de Bajazet, dont il avait épousé la sœur, avait fait étrangler ce confident par ses chiaoux, pour étouffer le message avec la vie du messager. Djem avait ignoré ainsi longtemps la mort de son père et les événements de Constantinople.

Bajazet les avait connus, quoique tardivement, par l'arrivée de Keklik-Mustafa. Pressé de saisir le trône et craignant d'être devancé par son frère, Bajazet était parti le soir même d'Amasie, à la tête de quatre mille cavaliers d'élite de son gouvernement. Le douzième jour, grâce à la rapidité de sa cavalerie turcomane, il était entré à Scutari, faubourg asiatique de Constantinople, séparé seulement du sérail par l'embouchure du Bosphore. Il était accompagné de son vizir favori, Mustafa-Pacha, qu'il destinait à exercer sous lui, à Constantinople, la toute-puissance que ce vizir habile avait exercée à Amasie.

Les vizirs, les généraux, les agas, les janissaires, la ville entière, s'embarquent sur les galères et sur les *caïques* de Constantinople, pour aller faire cortége au nouveau sultan, et traverser en flotte triomphale le détroit qui le séparait du sérail. Mais les intrigues n'avaient pas attendu son entrée dans sa capitale pour éclater autour de lui. Un dictateur populaire, des pachas ambitieux, une ville agitée, des janissaires indisciplinés, ne pouvaient se plier sans conditions au joug d'un jeune prince inconnu à qui ils venaient de décerner l'empire. Tous voulaient des gages de sa reconnaissance.

Ishak-Pacha, qui exerçait depuis douze jours les fonctions de grand vizir et qui craignait d'en être dépossédé par Mustafa, vizir d'Amasie, sema habilement parmi les janissaires le bruit que ce favori conseillait à son maître de briser le joug de cette milice, de réformer la discipline, de réduire la solde. Le sultan, intimidé par ces rumeurs, éloigna son ministre Mustafa avant de monter sur sa galère; le favori fut renvoyé à Amasie. Ce n'était pas assez pour les janissaires : à peine le sultan touchait-il à la terre d'Europe, que cette milice, rangée en bataille sur la pointe du sérail, lui demanda avec clameurs d'amnistier par un serment solennel ceux d'entre eux qui avaient décapité le grand vizir de son père et pillé les maisons de Constantinople. Encouragés par la parole forcée du sultan, ils exigèrent aussi tumultuairement une libéralité impériale, à titre d'avénement à l'empire, semblable à celle que les empereurs romains proclamés par les prétoriens distribuaient à ceux qui les avaient couronnés, s'arrogeant ainsi le droit de vendre le trône.

Bajazet, entouré de séditieux, n'avait que le choix de la condescendance ou de la révolte. Il ratifia le vœu de l'armée, et convertit ainsi en usage ruineux pour le trésor public l'avidité des soldats. A ce prix on lui permit d'entrer dans le palais.

Le lendemain, changeant son turban blanc contre un turban noir, en signe de deuil, il conduisit les funérailles de son père et déposa le corps de Mahomet II au tombeau que ce prince s'était préparé dans un magnifique *turbé* construit sous les murs de la mosquée qui porte son nom.

Ishak-Pacha fut nommé grand vizir; un camp se forma précipitamment par ses ordres à Scutari pour prévenir, s'il était nécessaire, la compétition de Djem à l'empire.

IV.

Les deux frères qui allaient se disputer l'empire ne se connaissaient que par la haine qu'ils se portaient dès le berceau. Ils étaient également inconnus à la capitale. Mahomet II, leur père, ne croyait pas à la nature, parce qu'il l'avait si souvent outragée lui-même par ses meurtres de famille. Il avait tenu constamment ses deux fils à distance de son trône et de sa résidence, dans la crainte des intrigues de palais ou des mouvements de caserne qui pouvaient se rattacher à leurs noms. Il les avait également relégués aux deux extrémités de l'Asie Mineure, pour prévenir entre eux ou des ligues ou des rivalités également fatales au repos de l'empire. Le sentiment fraternel ne pouvait donc contre-balancer en eux l'ambition, née de leur sang et cultivée dans leurs âmes par leurs mères différentes, de se devancer l'un l'autre au trône de leur père.

Le couronnement de Bájazet II fit entrevoir à Djem le sort qui l'attendait, d'après la loi de meurtre portée par Mahomet II, qui autorisait le frère à tuer ses frères et qui ne laissait d'arbitre entre eux que la mort. Si Djem ne s'était pas insurgé pour le trône, il se serait insurgé pour la vie; il fallait régner ou mourir.

V.

Ce jeune prince, infiniment mieux doué par la nature que Bajazet II, n'avait pas encore vingt ans. Les portraits des historiens de Rhodes, de Rome et de France, pays qu'il émut de ses malheurs, le représentent comme étant d'une taille élevée, d'une pose majestueuse, d'une figure grecque ou italienne comme sa mère, esclave vénitienne enlevée à une île de l'Archipel, d'un regard triste, d'une bouche gracieuse, d'un geste affable, d'une élocution facile et imagée, où l'on retrouvait la poésie orientale de son berceau sous l'éloquence mâle de son rang et sous la dignité de ses revers. Il excellait dans les trois exercices d'esprit et de corps qui constituaient alors la chevalerie des Persans ou des Turcs : faire des vers, manier le sabre et lutter de force et de souplesse, les membres nus et huilés, avec les plus célèbres lutteurs de l'Albanie ou de la Perse. Le courage plus sérieux qu'il avait montré dans sa vice-royauté de Cilicie en combattant contre les fils de

Caraman-Ogli, l'attrait de sa jeunesse, la douceur indulgente de son gouvernement, l'avaient rendu cher à toute la Caramanie, où il adoucissait, quoique vainqueur, le joug de son père. Les soldats et le peuple de Magnésie étaient vendus d'avance à sa cause par l'amour qu'il avait su leur inspirer. La renommée ingrate et le caractère sauvage de Bajazet ajoutaient dans le cœur des Asiatiques à leur prédilection pour Djem. Dans une telle disposition des populations et des troupes d'Asie, la proclamation spontanée de Djem à l'empire devait répondre unanimement, depuis Erzeroum jusqu'à Brousse, à la proclamation de Bajazet. La Caramanie entière se leva pour soutenir les droits de son favori. Djem n'eut qu'à consentir à la rébellion contre le candidat des janissaires. Ses troupes coururent aux armes d'elles-mêmes. Elles l'entourèrent en peu de jours à Magnésie d'une armée égale en nombre et plus dévouée en attachement que celle de Scutari. Il s'avança sur Brousse, capitale de l'Asie ottomane, avec l'avant-garde de son armée; il espérait y entrer sans obstacle, et y élever trône contre trône. Le temps et sa popularité feraient le reste.

VI.

Mais les Turcs ont un sentiment du droit dans la famille et dans la possession héréditaire du gouvernement qui prévaut même sur leurs entraînements et sur leur préférence. Chez eux la légitimité est divine, le caprice des prédilections populaires n'est qu'humain. La légitimité était pour Bajazet II.

Le sultan de Constantinople, en apprenant la proclamation du sultan de Magnésie et sa marche sur Brousse, se hâta de faire embarquer un corps de quelques milliers de janissaires et de les faire cingler vers le petit port de Moudania, voisin du mont Olympe, pour couper la route de Brousse à son frère et pour lui disputer la possession de cette capitale de leur père. Les deux armées arrivèrent en même temps aux portes opposées de la ville. Brousse, sommée au nom des deux sultans d'ouvrir ses portes, trembla de se tromper de cause et de fortune. Elle hésita quelques jours, elle ajourna son obéissance sous divers prétextes; mais, pendant que les autorités de

Brousse négociaient ainsi pour gagner du temps, le peuple, ivre de faveur pour Djem, lui faisait passer par-dessus les murs les encouragements, les vivres, les subsides, les combattants même dont il avait besoin. Soutenu par ces ovations populaires, Djem attaqua les janissaires de Bajazet sous les murs, les précipita dans la mer, fit prisonnier leur général Ayas-Pacha, et, rentré vainqueur à Brousse, y fut conduit en triomphe au palais de ses aïeux. On le proclama une seconde fois sultan, on frappa les monnaies, on dit des prières dans les mosquées en son nom, on lui livra le trésor; il gouverna pendant dix-huit jours l'Asie, et envoya ses firmans à l'Europe du haut de cette capitale de la Bithynie.

VII.

Cependant, soit qu'il ne se fît pas d'illusion sur l'inégalité de ses forces comparées à celles du sultan qui possédait Constantinople, les vizirs, les pachas, les janissaires, la flotte, les tributs de la mer Noire et de l'Europe, soit qu'il hésitât devant cette guerre fratricide qui allait faire combattre le sang d'Othman contre lui-même, Djem tenta de rétablir la concorde à des conditions équitables entre son frère et lui.

Il y avait alors à Brousse une sultane nommée Seldjou-Khatoun, tante de Mahomet II, grand'tante de Djem et de Bajazet. Elle vivait honorée et estimée pour son mérite dans le vieux palais. Djem la supplia d'aller à Constantinople interposer sa sagesse et son intercession entre son frère et lui. Il l'autorisa à offrir à Bajazet le partage inégal de l'empire, partage par lequel Bajazet posséderait l'Europe, les îles, l'Archipel, la mer Noire, la Servie, la Valachie, l'Adriatique, et qui ne lui laisserait à lui que la souveraineté de l'Asie. Seldjou-Khatoun, suivie d'un nombreux cortége de femmes, d'eunuques, de gardes et d'envoyés inférieurs, se rendit à Constantinople. Elle s'acquitta de sa mission avec la double autorité de sa tendresse de tante et de son caractère d'ambassadrice. Accueillie avec respect par Bajazet, elle lui représenta éloquemment les dangers de l'empire et les droits du sang.

Bajazet sourit : « Les rois n'ont pas de parents, » lui répondit-il.

VIII.

Cette négociation avortée remit l'empire au sort des armes. Djem, dont la destinée était d'éprouver tour à tour la trahison de ses amis et de ses ennemis, des musulmans et des chrétiens, était déjà vendu à Bajazet II par son premier chambellan Yacoub. Bajazet avait promis à ce conseiller intime de son frère le gouvernement de l'Anatolie s'il concourait à étouffer la guerre civile dans son germe en conseillant à Djem sa propre perte. Yacoub conseilla, en effet, au sultan de Brousse de diviser son armée en deux corps. L'un de ces corps, commandé par un général inhabile, devait affronter à Nicée l'armée de Bajazet, qui s'avançait dans la plaine, et l'autre, commandé par Djem en personne, couvrir Brousse et le mont Olympe. Cette séparation de l'armée en deux, en affaiblissant chaque aile, donna la victoire à Bajazet.

Une bataille, livrée sous les murs de Nicée, auprès de l'obélisque de Constantin, fit replier les partisans de Djem jusqu'à Ienischyr. Bajazet s'avança vers cette ville. Il y fut rejoint par Keduk-Ahmed-Pacha, le premier général de Mahomet II, son père, qui revenait d'Italie couvert de gloire, et qu'on croyait animé d'un implacable ressentiment contre Bajazet en souvenir d'offenses passées.

Djem, accouru de Brousse et fortifié sous Ienischyr par une nuée de Turcomans et de Caramaniens, combattit vainement en héros. La présence de Bajazet, la discipline aguerrie des janissaires, le nom et les conseils de Keduk-Ahmed, enfin la trahison d'Yacoub qui fit passer la rivière à la cavalerie de Djem et qui lui ferma le retour, achevèrent la déroute du sultan de Brousse. La nuit seule protégea la fuite des Turcomans et des Caramaniens. Les ténèbres laissèrent encore à Djem quelque espérance de les rallier. Caché dans une forêt voisine du champ de bataille avec une poignée de ses partisans, il espérait, le lendemain, retrouver ses troupes et tenter de nouveau la fortune. Le soleil, en se levant, lui montra le néant de ses espérances. La déroute avait tout emporté ; il n'eut que le temps de s'enfuir lui-même, escorté de soixante cavaliers, jusqu'aux gorges sauvages d'Erméni, à deux marches au delà d'Ienischyr. Il s'y arrêta pour reposer ses cavaliers et pour panser une blessure qu'il avait reçue, dans la fuite, d'un coup de pied de cheval à la jambe. Il avait quitté ses tentes d'Ienischyr après la bataille dans un tel dénûment, que son grand vizir fut obligé de lui prêter son propre manteau pour le préserver, pendant son sommeil sur la terre, du froid et de l'humidité des nuits.

Parvenu à Koniah, où il trouva la sultane, veuve de Mahomet II, sa mère, et son harem, il prit, avec sa famille, ses trésors et trois cents de ses serviteurs, la route de Tarsous, pour aller demander asile en Syrie au sultan d'Égypte. Alep et Damas le reçurent en souverain dépossédé qui reconquerrait bientôt un trône. Le sultan d'Égypte lui donna au Caire l'hospitalité dans le palais de son vizir et une cour digne de son rang. Lassé de son inaction, et voulant ressaisir aux yeux des Ottomans un titre de sainteté qui accrût le nombre et le fanatisme des partisans qu'il avait laissés en Asie, il fit, en croyant plus qu'en prince, le pèlerinage de Jérusalem, de la Mecque et de Médine, les trois villes saintes des Arabes et des Ottomans. Ses voyages pieux firent perdre un moment sa trace dans les déserts de l'Arabie.

Ses amis et ses ennemis le perdirent de vue pendant près de deux ans dans ses pérégrinations lointaines où le chameau d'un pèlerin portait, sous un costume d'Arabe nomade, le fils de Mahomet II.

IX.

Sa mère et sa jeune épouse, fille d'un prince turcoman de la Caramanie, le virent revenir, le 4 février 1482, au Caire sous ce costume qui le dérobait au piéges de ses ennemis. Il paraissait avoir accepté religieusement et philosophiquement sa défaite; il se résignait à vivre en Égypte dans une contemplative obscurité. Ses trésors suffisant pour une vie privée sur une terre étrangère, les respects dont l'environnaient les mameluks, sa tendresse pour sa mère et pour sa femme, la fidélité de quelques amis, compagnons de son enfance, de sa grandeur, de ses revers, et surtout son goût et son talent pour la poésie, qui enlève l'homme malheureux au sentiment des réalités pour le transporter dans les régions imaginaires, lui rendaient l'exil et l'oubli du trône plus faciles et plus doux qu'aux ambitieux sans génie et sans vertu. Quoique à peine âgé de vingt-quatre ans, Djem avait déjà en Turquie, en Perse et en Arabie la renommée d'un héros et la célébrité d'un des poëtes les plus accomplis de l'islamisme. Le sang de Mahomet II, sa beauté et son adresse de corps, ses pèlerinages, ses exploits et ses revers ajoutaient encore à la dignité de son malheur. Il se condamnait lui-même à l'inaction; mais ses amis, ses partisans en Caramanie et les ennemis de son frère ne se résignaient pas à son absence; leur fortune était la sienne; ils n'hésitèrent pas à la jouer de nouveau sur sa vie et à le perdre pour se sauver.

X.

Kasim-Beg, ce fils proscrit d'Ibrahim Caraman-Oghli qui s'était dévoué à la cause de Djem contre Bajazet II, pour recouvrer ses États par ce service rendu au plus populaire des deux prétendants au trône, était resté, après la défaite d'Ienischyr, errant mais toujours armé parmi ses anciens sujets dans les rochers inaccessibles du mont Taurus. Il agitait de là les vallées, les plaines, les villes; il envoyait par toutes les barques des affidés à Djem, pour le conjurer de venir rallumer, par sa présence, une cause plus chère que jamais à ses fidèles Caramaniens. Un autre partisan de Djem, aussi considérable que Kasim, Mahmoud-Beg, gouverneur d'Angora (Ancyre) et ancien généralissime des janissaires sous Mahomet II, prêt à trahir Bajazet II par ressentiment de sa disgrâce, promettait également à Djem de lui livrer Angora et une partie de l'armée de son frère au moment où il débarquerait sur la côte de Caramanie.

Ces sollicitations et ces assurances confirmées par

des noms si prépondérants en Asie, la certitude des secours que les mameluks de Syrie prêteraient à son entreprise, décidèrent enfin Djem à tenter encore une fois le sort. Il confia sa famille aux soins du soudan son allié, et, suivi de ses plus braves compagnons, il quitta le Caire le 6 mai 1482 pour s'aboucher à Alep avec ses partisans de Caramanie. Kasim-Beg, Mahmoud-Beg, un grand nombre d'émirs, de begs et de généraux mécontents de l'armée de Bajazet II étaient accourus à Alep au-devant du jeune sultan. Ils rentrèrent ensemble les armes à la main à travers les Portes de fer, défilé du Taurus sur la Syrie, dans la Cilicie, soulevant, au nom de Djem, toutes les populations et toutes les troupes disséminées sur leur passage. La popularité de Djem, la renommée de Kasim, la bravoure militaire de Mahmoud-Beg, cher aux janissaires, donnèrent, en peu de semaines, au prétendant, des provinces et une armée supérieure à celle de Bajazet II. L'Asie entière allait échapper au sultan. Ahmed-Pacha, son général en Caramanie, abandonné d'une partie de ses troupes, battu deux fois par Mahmoud-Beg dans la plaine de Koniah, avait jeté à la hâte dans cette capitale une garnison commandée par Ali-Pacha, depuis grand vizir; lui-même se repliait devant les populations soulevées, il cherchait à gagner du temps plus que des victoires.

Djem, Mahmoud-Beg et Kasim, réunis sous les murs de Koniah, assiégeaient la ville qui ne se soutenait plus que par l'obstination d'Ali-Pacha. Un hasard la sauva.

Mahmoud-Beg, en passant à la cause de Djem, avait eu l'imprévoyance de laisser sa femme et ses enfants otages des Turcs à Angora, au cœur de l'Anatolie. Il quitta le camp de Djem avec un détachement de son armée pour aller jusqu'à Angora enlever sa famille aux vengeances de Bajazet. Rencontré en route par un corps plus considérable de troupes du sultan, il tomba dans la mêlée, et sa tête envoyée à Bajazet ranima la confiance abattue de ce prince. Il s'avançait par toutes les vallées avec les trois armées de Constantinople, de Brousse et d'Amasie sur Angora. Djem, affaibli, mais non découragé par la perte de Mahmoud-Beg, son meilleur général, se replia en combattant avec Kasim dans les montagnes. Ce champ de bataille, fortifié par la nature, le rendait égal aux forces croissantes de son frère. Bajazet II, avant d'engager ses troupes dans ces défilés du Taurus, envoya, à Erégli, le second aga des janissaires à Djem pour parlementer avec lui. Le jeune prince consentit à des conférences. Son premier écuyer, Sinan-Beg, et son defterdar, Mohammed-Beg, descendirent avec des saufs-conduits à Erégli pour traiter des conditions de la paix entre les deux frères. Djem ou ses ambassadeurs exigeaient la pleine souveraineté de plusieurs provinces d'Asie. Bajazet II vit dans ces conditions le démembrement de l'empire. « Dites à mon frère, répondit-il à Sinan-Beg, que l'empire est une fiancée qui ne peut être à la fois à deux maris ; que je mourrai pour la défendre, et que celui qui veut vainement me la disputer cesse de souiller les pieds de son cheval et les manches de son caftan du sang innocent des Ottomans ; qu'il se retire à Jérusalem ; je m'engage, s'il veut résider hors de mes frontières, de lui donner une rente de deux cent mille ducats d'or et vingt pages choisis, les plus beaux enfants de mes esclaves. »

Ces propositions furent rejetées avec indignation par Djem. « Ce n'est pas de l'or qu'il faut à un prince, s'écria-t-il, c'est un empire. » Ahmed-Pacha, renforcé par la nombreuse cavalerie européenne et asiatique de Bajazet II, escalada alors les montagnes par toutes les gorges de la Cilicie. Il ne resta à Kasim-Beg et à Djem que quelques châteaux inabordables et quelques grèves des pieds du mont Taurus sur la mer, entre le golfe de Satalie, en face de Chypre, et la rade de Telmissus (Macri), vis-à-vis de Rhodes. Kasim-Beg, qui ne craignait rien pour lui-même dans les crêtes du Taurus défendues par les frimas où il s'abritait après les revers, conjura Djem de chercher un asile et des alliances chez les princes chrétiens en passant à Rhodes.

XI.

Ces conseils, quoique inspirés par un sincère attachement, perdirent Djem en le détournant de se fier à la foi des Syriens, des Égyptiens et des Persans, qu'il avait éprouvée, pour tenter la foi suspecte des chevaliers de Rhodes et des princes chrétiens. Pendant le règne de son père Mahomet II, ce jeune prince, qui gouvernait alors la Caramanie, avait été chargé de négocier la paix avec Rhodes.

Des ambassadeurs de l'ordre de Saint-Jean de Jérusalem et des ambassadeurs de Djem avaient eu souvent des conférences sur la côte de Cilicie en présence de Djem. Le fils du sultan était connu des principaux chevaliers, et des rapports fréquents avaient appris à Djem à honorer dans cette noblesse chrétienne la valeur et la grâce des guerriers européens. Il en appréciait l'héroïsme, il n'en soupçonnait pas la perfidie. L'expérience allait lui apprendre que la barbarie et la politique des corps religieux corrompent jusqu'à l'héroïsme, la religion et la vertu.

Le prince, abrité, après le licenciement de ses troupes, dans une caverne des rochers de la Cilicie, en vue de l'écueil d'Arsinoé, envoya à Rhodes Souléiman-Pacha, un de ses derniers et de ses plus fidèles compagnons de disgrâce, pour demander au grand maître de Rhodes si les chevaliers voulaient recevoir dans leur île le fils de Mahomet II, le sultan vaincu mais légitime des Ottomans, et s'ils s'engageraient à lui assurer pendant son séjour la vie, la sûreté et la liberté qu'on doit dans toutes les religions à des hôtes illustres et volontaires.

Souléiman, en cherchant à gagner la côte pour s'embarquer à Telmissus, fut atteint par les cavaliers de Bajazet II. Ses lettres, ouvertes par Ahmed, apprirent à ce général que Djem était encore caché dans les montagnes, et qu'il songeait à fuir par mer chez les ennemis du sultan. Ahmed répandit sa cavalerie entre les rochers et la mer pour épier le fugitif.

XII.

Cependant Djem, ne voyant pas revenir son émissaire Souléiman, et pressentant quelque catastrophe, fit partir pour Rhodes deux autres émissaires déguisés pour négocier son asile dans l'île, et pour demander aux chevaliers s'ils consentaient à le recevoir libre, à lui envoyer une galère de l'Ordre près d'un rocher de la côte de Cilicie qu'il leur désignait.

Les chevaliers de Rhodes n'hésitèrent pas à accorder à ces négociateurs toutes les conditions de salut, de sûreté, de liberté et de dignité d'asile demandées par Djem. Un fils de leur implacable ennemi Mahomet II à recevoir flattait leur générosité; un sultan à protéger caressait leur orgueil; l'espoir de relever par leur concours la fortune de ce prétendant momentanément éclipsée, de lui rendre le trône par la main des chrétiens, et de mettre à ce service un prix digne de l'empire pour les intérêts de leur ordre, souriait à leur politique. Le grand conseil de l'Ordre, convoqué par le grand maître, ce même

Pierre d'Aubusson, vainqueur de Mahomet II et sauveur de l'île, ratifia d'acclamation les conditions demandées par les envoyés de Djem. Le sauf-conduit de Djem fut signé et remis entre leurs mains; une escadre de galères de l'Ordre, commandée par l'amiral de Castille Zuniga, sortit à toutes voiles du port de Rhodes avant le jour, pour aller explorer la côte voisine de Cilicie, et ramener dans l'île l'hôte illustre des chevaliers. Le peuple entier de Rhodes monta sur les tours et sur les collines pour assister à cette vicissitude de la fortune des chrétiens et des Ottomans.

XIII.

Cependant Djem et ses trente compagnons de fuite, pourchassés par les cavaliers de Bajazet II et impatients de plus longs délais qui compromettaient leur vie, étaient descendus la nuit de leur caverne et rôdaient sur la plage de la mer pour découvrir les voiles attendues. Le cap avancé de Macri, interposé entre la plage où ils étaient et le canal de Rhodes, leur cachait encore, au lever du soleil, l'escadre de Zuniga. Djem, au bruit du galop d'un détachement de spahis près de l'atteindre, se jeta avec ses amis dans une barque de pêcheurs cachée derrière un rocher par les soins de Kasim, et s'abandonna aux vagues pour voguer vers l'île. Mais, avant de faire déployer la voile, il écrivit sur son genou un adieu terrible à son frère et à son persécuteur Bajazet II, et, attachant cette lettre à la pointe d'une flèche, il monta sur le banc des rameurs, tendit son arc et lança la flèche qui vint tomber sur la grève aux pieds des spahis.

Les spahis ramassèrent la flèche et la lettre, et lurent :

Le sultan Djem au sultan Bajazet II, son frère inhumain.

« Dieu et notre grand prophète sont témoins de la honteuse nécessité où tu me réduis de me réfugier chez les chrétiens. Après m'avoir privé des justes droits que j'avais à l'empire, tu me poursuis encore de contrée en contrée, et tu n'as point eu de repos que tu ne m'aies forcé, pour sauver ma vie, à chercher un asile chez les chevaliers de Rhodes, les ennemis irréconciliables de notre auguste maison. Si le sultan notre père eût pu prévoir que tu profanerais ainsi le nom si respectable des Ottomans, il t'aurait étranglé de ses propres mains; mais j'espère qu'à son défaut le ciel sera le vengeur de ta cruauté, et je ne souhaite de vivre que pour être le témoin de ton supplice. »

Bajazet II, en recevant cette lettre, se souvint qu'il était frère et répandit des larmes. « Pourquoi, dit-il, s'est-il fié aux chrétiens plutôt qu'à moi ? »

XIV.

A peine Djem avait-il lancé cet adieu mortel à la terre ottomane, qu'il aperçut les voiles de l'escadre de Zuniga débouchant voile à voile de l'ombre du cap avancé de Macri. Craignant que ce ne fût une escadre de Bajazet II qui cinglait pour lui couper la route de Rhodes, il fit ramer de nouveau vers la terre. Mais bientôt une chaloupe rapide, envoyée par l'amiral vers son bateau, lui apprit que c'était l'escadre de d'Aubusson envoyée pour recueillir sa détresse, et lui remit les saufs-conduits et la foi jurée des chevaliers.

La galère de l'amiral le reçut quelques moments après avec tous les honneurs et tous les respects attribués à un souverain, et l'escadre, chargée de ce glorieux dépôt, rentra au milieu du jour dans le port de Rhodes. Jamais, depuis le jour ou Paléologue-Pacha avait replié ses trois cents voiles devant les décombres victorieux de l'île, la ville de Rhodes n'avait frémi de plus d'orgueil et de plus de joie. Le grand maître d'Aubusson, suivi de tous les commandeurs et de tous les chevaliers des différentes langues de l'Ordre, était descendu sur la dernière marche du quai pour recevoir l'hôte de l'île et de la chrétienté. Le peuple entier suivait ses traces; le palais de France, le plus vaste et le plus splendide de Rhodes, avait été approprié et décoré rapidement à l'usage d'un prince d'Orient. Djem refusa un moment d'y entrer pour ne pas déplacer les chevaliers de France : « Il ne convient pas, dit-il au grand maître, à un proscrit tel que je suis, d'expulser de leur palais les souverains de l'île.

— Des proscrits de votre nom, lui répondit avec un faux respect le grand maître, tiennent le premier rang partout, et plaise à Dieu que vous soyez bientôt aussi maître à Constantinople que vous l'êtes ici. » Les chevaliers de toutes les nations parurent rivaliser de générosité et de déférence pour lui faire oublier ses infortunes. Les fêtes, les tournois, les chasses, les spectacles, laissèrent admirer pendant quelques jours aux Rhodiens la grâce, l'adresse, la vigueur dans les exercices équestres, l'éloquence et la poésie de ce barbare. Djem effaçait, par la splendeur orientale de son costume, par l'élégance de ses habitudes et par la convenance de ses paroles, les chevaliers les plus policés des cours de France, d'Espagne et d'Italie. Il parlait la langue italienne qu'il avait apprise à la cour de Mahomet II comme un Vénitien, et la langue grecque comme un lettré d'Athènes. Quoiqu'il découvrît du haut de la terrasse du palais de France les neiges des montagnes rapprochées de la Lycie et les voiles des flottes de son frère qui le cherchaient de rade en rade sur les écueils de Macri, rien ne lui rappelait autour de lui sa déchéance, ses revers ou sa captivité. Il se préparait à passer en Europe où il voulait aller implorer les armes des Hongrois et des Serviens pour attaquer d'un autre côté l'empire.

Djem se confiait avec d'autant plus de sécurité à la bonne foi et à l'intérêt des chevaliers de Rhodes, que le grand maître d'Aubusson venait de conclure avec lui un traité secret aussi favorable au sultan qu'à l'Ordre. Par ce traité dont les archives de Malte constatent l'existence et la signature, Djem, dans l'éventualité de son règne futur, s'engageait à ouvrir tous les ports de la Turquie aux flottes des chevaliers, à rendre chaque année la liberté sans rançon à trois cents esclaves chrétiens, et à payer cent cinquante mille ducats d'or pour indemnité de l'hospitalité et des secours qu'il recevait de l'Ordre.

Mais au même moment où d'Aubusson signait ce

traité avec son hôte, il en négociait plus secrètement un autre avec Bajazet II.

Aussitôt que ce prince avait appris la retraite de son frère à Rhodes, il y avait envoyé deux émissaires grecs, agents corrompus des crimes d'État qu'on avoue ou qu'on désavoue selon l'événement. Les Grecs de la cour de Byzance, tâchant de reconquérir l'importance par la servilité, remplissaient le sérail des Turcs de ces instruments d'intrigues. Ils avaient pour mission, disent les historiens de l'Ordre, d'empoisonner à Rhodes le frère de Bajazet II. La suite des événements fait présumer avec plus de vraisemblance que leur véritable mission était de faire les premières ouvertures de trahison à d'Aubusson et au conseil souverain de l'Ordre, de paraître ensuite expulsés de l'île par la sollicitude du grand maître pour la vie de son hôte, mais en réalité d'aller reporter à Constantinople les préliminaires acceptés d'une honteuse négociation entre l'Ordre et les ministres de Bajazet.

XV.

Les faits ne justifièrent que trop, pour l'honneur du grand maître de l'ordre de Malte, ces soupçons ; car, à peine les deux émissaires grecs étaient-ils expulsés de Rhodes, que le grand maître d'Aubusson envoya à Constantinople les ambassadeurs de l'Ordre, Guy de Mont, Arnaud et Duprat, pour traiter d'une paix permanente avec la cour ottomane.

Les conférences mal dissimulées s'ouvrirent à Constantinople entre ces chevaliers et les deux plénipotentiaires de Bajazet II, Paléologue-Pacha, ce même renégat grec qui avait échoué autrefois devant Rhodes, et Keduk-Ahmed-Pacha, ce vizir intègre mais insolent qui faisait trembler son maître en le servant. Keduk-Ahmed, absolu et d'un seul mot, comme un soldat accoutumé à trancher tous les nœuds avec le sabre, demandait ouvertement l'extradition de Djem et le tribut. Les chevaliers, qui avaient déjà vendu leur hôte et composé avec leur conscience, ne pouvaient pas livrer en ces termes leur honneur sans s'avilir aux yeux de la chrétienté. Les négociations allaient se rompre, quand Paléologue-Pacha, plus insinuant et plus habile que son rude collègue, le pria de s'écarter un moment des conférences et de le laisser seul composer avec les scrupules hypocrites des envoyés de d'Aubusson. Keduk-Ahmed comprit Paléologue-Pacha; il parut avoir renoncé, en Ottoman inflexible, à traiter avec des chrétiens à d'autres conditions que la servitude.

Mais aussitôt que la négociation remise à Paléologue-Pacha eût déguisé, sous des apparences moins déshonorantes, les bassesses que les Turcs exigeaient des chevaliers, le traité ignominieux fut signé entre Rhodes et Bajazet II. Ce traité stipulait ouvertement qu'une paix éternelle régnerait sous le nom de trêve entre les deux États, qu'on se livrerait réciproquement les esclaves évadés de l'une ou de l'autre religion; il stipulait dans un article secret que le frère du sultan, Djem, le prétendant à l'empire, serait retenu jusqu'à sa mort prisonnier dans un des châteaux de l'Ordre; que, pour prix de cette perfidie et de ce service, le sultan payerait chaque année une somme de quarante-cinq mille ducats d'or aux geôliers de son frère; tel était le prix infâme, non du sang, mais de la vie et de la liberté d'un hôte qui était venu se confier librement et sous un sauf-conduit sacré à la bonne foi et à l'honneur d'un ordre de chevalerie chrétienne! La déloyauté de ce trafic déshonorait à la fois dans Pierre d'Aubusson la religion et l'héroïsme.

XVI.

L'exécution de ce traité secret exigeait les plus abjectes hypocrisies pour en déguiser la honte à l'Europe et l'accomplissement à l'infortuné Djem. Il fallait persuader à l'Europe que ce prince était libre et honoré entre les mains des chevaliers; il fallait lui persuader à lui-même que son éloignement de sa patrie était une condition de salut et de retour au trône, et qu'en le conduisant par mer en Occident de cour en cour, l'Ordre ne voulait présenter en lui aux souverains de la chrétienté qu'un client et non un captif. Le conseil et les chevaliers de Rhodes se prêtèrent avec une déplorable astuce à ces manœuvres de la politique du corps d'autant plus impudentes que tout le monde en recueillait le fruit et que personne n'en portait la responsabilité. Les plus grands crimes de l'histoire n'ont pas été accomplis par des tyrans, mais par des institutions anonymes.

Le grand maître Pierre d'Aubusson et ses complices colorèrent donc aux yeux du prince la néces-

sité de son départ de Rhodes de tous les prétextes
de l'intérêt qu'ils prenaient à sa vie et à sa cause. Ils
lui représentèrent que le voisinage de la Lycie et de
la Caramanie permettrait constamment à son frère
d'entretenir à Rhodes des assassins ou des empoi-
sonneurs qui ne leur permettraient jamais de répondre de sa vie; que l'empire, trop surveillé de ce
côté par l'armée de Keduk-Pacha, lui refuserait à
jamais tout rivage et toute occasion de débarque-
ment; que la Hongrie et les rives du Danube habi-
tées par les plus redoutables ennemis de l'islamisme,
étaient le côté vulnérable des possessions de son
frère; que les princes chrétiens d'Italie, de France,
d'Espagne et surtout le pape n'attendaient qu'un
prétexte pour renouveler les grandes coalitions autrefois religieuses, maintenant politiques, qui pouvaient seules lui fournir une armée contre son frère;
que sa présence à la cour de ces princes et ses
engagements envers eux en faveur des chrétiens lui
assuraient l'alliance unanime de l'Europe et qu'un
sultan restauré par la chrétienté à Constantinople
serait le gage de la solidité de sa maison et de la
paix du monde.

XVII.

Djem, persuadé par ces insinuations, pressait lui-même le grand maître de le transporter par mer à Venise d'où il pourrait passer par l'Allemagne en Hongrie pour y rallier autour de ses droits et de son épée la coalition des cours chrétiennes pour sa cause. Sa confiance dans la sincérité de ses perfides amis était si entière qu'il donna de sa main au grand maître d'Aubusson des pleins pouvoirs pour traiter en son absence, selon les événements, de ses intérêts avec les vizirs ou les généraux de son frère.

Pendant ces pourparlers, le grand maître faisait équiper une galère de l'Ordre pour porter Djem en Europe. Ne s'en fiant à personne mieux qu'à son propre sang de la trahison méditée contre son hôte, il chargeait son neveu, le chevalier de Blanchefort, de ses instructions secrètes sur le véritable but de la navigation, et sur les ruses à continuer pour masquer jusqu'au terme du voyage, sous l'apparence de services rendus à Djem, la captivité promise à Bajazet II. Les honneurs impériaux déguisèrent au départ de Rhodes la trahison sous le respect. Djem s'embarqua avec trente de ses fidèles Ottomans sur la galère de Blanchefort. Le récit minutieux des témoins oculaires, chrétiens et ottomans, de sa traversée et de ses vicissitudes en mer ou dans ses différentes relâches ne laisse plus aucune ombre sur les ténébreuses machinations de ses geôliers. On le suit pas à pas jusqu'au piége.

XVIII.

Il s'embarqua le 1er septembre 1482 pour l'Europe. Les vents contraires ou les artifices des chevaliers qui montaient sa galère le retinrent plus d'un mois dans l'archipel en vue de Rhodes et des côtes de Cilicie. On le fit relâcher dans l'île voisine de Cos, dépendance de Rhodes, qui appartenait encore aux chevaliers. Après un séjour destiné sans doute à user du temps, la galère qui portait l'héritier de Mahomet II fit voile vers la Sicile. Le port de Messine ravitailla le vaisseau. Djem, en longeant l'île, admirait en poëte, disent ses annalistes, les dauphins qui jouaient autour de la proue, en lançant de leurs narines des jets d'eau étincelant au soleil. Le spectacle inconnu pour lui du volcan de l'Etna éclairant l'île, la mer et le ciel le retenait la nuit sur le pont.

Les chevaliers, pour se réserver à eux seuls le mérite et le prix de la captivité du sultan des Ottomans, prenaient un soin jaloux de dérober aux ports et aux vaisseaux étrangers la connaissance du dépôt qu'ils portaient à bord. Une nuit que Djem et ses amis groupés sur le pont soupaient éclairés par une multitude de lampes et jouissaient de cette illumination des flots, l'équipage força les passagers à éteindre les feux, et à descendre invisibles sous le pont, de peur de tomber entre les mains des amiraux de Naples ou de France. Sept navires rencontrés le lendemain sur la côte de Calabre furent éludés ainsi par la réclusion des passagers. On n'alluma plus de feux sur le pont.

Après six semaines de mystérieuses navigations, Blanchefort débarqua son prisonnier dans le port de Nice. Djem, qui se croyait libre sous la garde en apparence honorifique de ses amis de Rhodes et dans un de leurs châteaux d'Europe, jouit avec délices du ciel et des rivages de Nice qui lui rappelaient la mer de Cilicie. Il écrivit sur les charmants paysages de Nice des vers mélancoliques où respirait le souvenir de la patrie retrouvée sous un autre ciel. Cependant, impatient de poursuivre sa route vers la Hongrie, il s'étonna de la longueur de la relâche à Nice, et il exprima à Blanchefort l'ordre de le conduire selon sa promesse à Venise. Blanchefort et les chevaliers, confidents des ruses de d'Aubusson, alléguèrent l'impossibilité de quitter, sans l'autorisation du roi de France à qui le pays de Nice appartenait alors, une terre française. Ils engagèrent dérisoirement Djem à envoyer un de ses serviteurs à ce prince pour solliciter l'autorisation de sortir de ses terres. On lui assura que cet envoyé reviendrait en peu de jours à Nice lui rapporter la réponse, et peut-être l'alliance de ce souverain. Djem choisit pour cette ambassade le plus lettré et le plus politique de ses vizirs, Nassouh-Tchélébi, compagnon de ses études et de ses exploits en Asie. Les chevaliers qui accompagnaient Nassouh-Tchélébi dans son ambassade le firent arrêter à trois journées de marche et disparaître dans une de leurs commanderies de Provence. Quatre mois d'attente et d'incertitude s'écoulèrent sans que Djem pût recevoir aucune nouvelle de son envoyé. Il le croyait à la cour de France retenu par les lenteurs d'une négociation.

XIX.

Cependant la peste qui éclatait à Nice servit de prétexte aux chevaliers pour éloigner davantage leur hôte de la mer. Ils le conduisirent, par la Savoie, dans une gorge étroite et sombre des montagnes du Bugey, nommée Roussillon. L'Ordre y possédait une commanderie. On y voit encore aujourd'hui les pans de murailles collées au rocher, dont elles semblent être un écroulement naturel. Djem, à cet aspect, ne put se dissimuler une prison. On lui permit cependant d'envoyer de là deux autres de ses compagnons déguisés vers le roi de Hongrie, pour s'assurer si la route à travers la Suisse et l'Allemagne était libre. Ses deux émissaires, interceptés sans doute en chemin, ne reparurent jamais. Quelques jours après leur départ, une centaine de chevaliers couverts de cuirasses entourèrent tout à coup le donjon de Roussillon, enlevèrent à Djem les trente compagnons de sa captivité, et ne lui laissèrent que deux ou trois Ottomans de sa suite. Ces trente exilés furent embarqués à Nice et envoyés à Rhodes à la merci de leur sort.

Tous les paysans des villages voisins de Roussillon accouraient, disent les chroniques, pour apercevoir aux fenêtres du donjon l'empereur des Turcs, hôte ou prisonnier des chevaliers de Jérusalem. Le duc de Savoie, en revenant de la cour de France où il était allé saluer le nouveau roi Charles VIII, s'arrêta au château de Roussillon. Djem, charmé de la beauté de ce prince de quatorze ans, lui fit présent d'un sabre de Damas incrusté d'or. Il conjura ce jeune souverain de le délivrer des mains des chevaliers. Le duc de Savoie lui promit ses secours; mais l'Ordre, qui avait ses immunités et ses alliés partout, était plus puissant qu'un duc de Savoie. Les chevaliers cependant, inquiets de ce voisinage et de cette amitié, firent embarquer quelques jours après Djem sur l'Isère, puis sur le Rhône, pour le conduire, sans traverser de villes ni de villages, dans une autre commanderie plus forte et plus isolée, sur un rocher presque inaccessible de la vallée du Puy-en-Velay. On ignore combien de mois ou d'années Djem y languit ignoré du monde.

XX.

Bajazet II, informé par d'Aubusson des tentatives de son frère pour intéresser le duc de Savoie et le roi de France, avait envoyé un ambassadeur, Housseïn-Beg, à ces cours, pour les prévenir contre toute alliance avec Djem. Le sultan, pour entretenir le zèle des chevaliers de Rhodes à son service, leur députa peu de temps après ce même Housseïn-Beg, avec un présent de reliques recueillies à Constantinople dans le trésor de Sainte-Sophie. C'était un coffre de bois de cyprès contenant, selon les traditions grecques, une main de saint Jean-Baptiste. La relique, passée du monastère de Pétréion dans le trésor du sérail turc de Mahomet II, repassa comme prix d'une trahison sur l'autel de la cathédrale de Saint-Jean à Rhodes. Ce tribut pieux du sultan et les quarante mille ducats d'or qui l'accompagnaient stimulèrent la fidélité de d'Aubusson à l'accomplissement des promesses de l'Ordre. La politique des chevaliers voyait de plus, dans la possession exclusive de Djem, une menace permanente entre leurs mains contre la sécurité de Bajazet II. Ils redoublèrent de vigilance autour de ses prisons.

Soit que le roi de France, informé enfin par Nassouh-Tchélébi de la captivité de Djem, eût fait quelques tentatives pour favoriser son évasion, soit que le château du Puy ne leur parût pas inaccessible à la corruption des Ottomans amis du captif, ils le transportèrent de la vallée du Puy dans la vallée de l'Isère, au château de Sassenage. Ce château, limitrophe entre la France et la Savoie, leur parut plus propice à leurs desseins qu'une demeure située dans l'intérieur des terres. Dans le cas où l'un des souverains aurait tenté de leur arracher leur victime par la force, ils pouvaient à leur gré la faire passer d'une frontière à l'autre. Le séjour de l'infortuné sultan au château de Sassenage est plein de mystères et d'amours romanesques, que l'histoire avait relégués jusqu'ici au rang des fables, et que des témoignages, aujourd'hui irrécusables, tant des écrivains turcs que des écrivains chrétiens, ont rétablis au rang de vérités historiques.

XXI.

Djem, malgré ses longues adversités, était à l'âge où le cœur des hommes cherche involontairement dans l'amour les oublis ou les compensations de l'ambition déçue : il n'avait pas encore vingt-sept ans. Le sang ardent de son père qui coulait dans ses veines et qui colorait ses joues, sa figure à la fois pensive et héroïque, sa stature martiale, son adresse à tous les exercices de la chevalerie orientale, ses exils, ses malheurs, sa mélancolie, la grandeur et les rigueurs de cette destinée qui l'avaient jeté, à travers tant d'aventures, d'un trône d'Orient dans un donjon des montagnes du Dauphiné, touchèrent le cœur de Philippine de Sassenage, fille du seigneur du château, à qui les chevaliers de Rhodes avaient confié la garde de leur prisonnier. La jeunesse, la beauté, la tendre compassion peinte sur les traits de la jeune fille, toujours présente, de son geôlier, avaient fait naître dans le cœur de Djem un de ces attraits lents mais invincibles auxquels l'infortune prédispose l'âme, et qui, en se produisant comme une simple consolation de l'exil, finissent par devenir l'occupation de toute la vie. Les amours de Djem et de Philippine, soit qu'elles fussent dérobées par le mystère à la vigilance des gardiens du prisonnier, soit qu'une union secrète et la promesse d'élever sa maîtresse chrétienne au trône des Ottomans, à l'exemple de tant de ses ancêtres, eussent apaisé les scrupules du père, charmèrent pendant plusieurs années la captivité du prince. Les chroniques de la province du Dauphiné assurent qu'un fruit naquit de ces amours clandestines au château de Sassenage, que cet enfant, élevé par la belle Philippine sous l'apparence d'un page, épousa à son tour une parente de cette noble maison, et que le sang d'Othman coule peut-être encore dans les veines d'une obscure famille chrétienne.

Quelques tentatives d'évasion, ourdies par les Turcs serviteurs de Djem et favorisées par Philippine, ont laissé également leurs traces dans l'histoire et leurs traditions autour des ruines de ce château.

Ce fut dans ces loisirs embellis par l'amour que Djem écrivit, dans le style du poëte persan Hafiz, quelques-unes de ces odes moitié philosophiques, moitié amoureuses. Le poëte se console, en savourant des voluptés réelles, de la perte des grandeurs imaginaires qui manquaient au prince déchu. Une de ces odes ou *Ghazel,* conservée par les historiens italiens de sa vie, rappelle à la fois la philosophie de Dioclétien et la poésie de Salomon et d'Anacréon :

« Prends ta coupe, ô Djem, se chante-t-il à lui-même; prends ta coupe et remplis-la de la liqueur qui donne les songes, bien que nous soyons ici sur la terre d'exil qu'habitent les Francs! C'est au sort à décider de nous! A quoi sert de se roidir ou de verser des larmes? Nul ne peut éviter le destin qui l'attend!

« Pèlerin de la sainte Kaaba (la Mecque), j'ai visité naguère les déserts de sable, j'ai habité les vallées et les cavernes de la Caramanie; quelques pas d'un fidèle dans l'enceinte sacrée, où le pèlerin fait ses stations autour du tombeau du prophète, valent mieux que toute l'étendue de l'empire d'Othman!

« Gloire et grâces à Allah! Je suis maintenant jeune, beau et sain encore, quoique exilé dans le pays des Francs! Celui qui sent en lui la santé, la vigueur et la jeunesse, est partout le sultan de l'univers!

« Dix-huit pages aux cheveux blonds comme leurs sœurs; dix-huit pages, tous fils des begs d'Albanie, nous tendent d'une main gracieuse le verre au bord doré, rempli d'un vin aussi transparent que leur mince cristal.

« Ah! demandez à Bajazet le sultan si le trône qu'il occupe peut rendre plus heureux que moi un sultan? Non, non, l'empire ne reste pas longtemps à personne! Et si Bajazet vous dit que les grandeurs des maîtres du monde sont permanentes, il ment. »

Enfin, une de ses tentatives d'évasion fut déjouée au moment où le prince, descendu par une corde du donjon dans le fossé du château de Sassenage, allait fuir à la cour de France sur un cheval aposté par ses amis. L'infortunée Philippine fut arrachée de ses bras comme la complice de ses aspirations à la liberté.

Un château isolé des bords du Rhône reçut pour la cinquième fois la victime des chevaliers de Rhodes. L'amour parvint cependant encore à renouer par des messages rares et secrets entre Djem et Philippine une correspondance par lettres, dont quelques fragments subsistent encore aujourd'hui dans les archives de l'Orient.

XXII.

Ainsi finirent ces tristes amours qui avaient fait trouver à Djem pendant deux ans, dans un seul cœur, l'oubli de la captivité et la consolation de la patrie.

D'Aubusson, comme s'il eût envié à son prisonnier jusqu'aux douceurs de cette pitié de femme, ordonna à son neveu d'arracher Djem au château de Sassenage et de le dépayser de prison en prison dans les commanderies les plus isolées de l'Ordre, comme pour faire perdre sa trace aux princes qui s'intéressaient à son sort. Ces nouvelles captivités durèrent trois autres années. La politique ombrageuse du grand maître de l'Ordre craignait toujours que la compassion ou la corruption n'ouvrissent à cet otage de son ambition les portes de ses donjons. Pour sceller d'une main plus sûre ses verrous, d'Aubusson chargea son neveu de conduire son prisonnier au cœur de la province montueuse et ombragée de chênes du Limousin, dans le château de Bourgneuf, fief des d'Aubusson, où ce grand maître était né lui-même. Ce château était habité par sa sœur, souveraine d'Aubusson. Les chevaliers y firent construire, au sommet d'un rocher, une tour carrée de huit étages pour loger dans la même enceinte le prince, ses serviteurs et ses geôliers. Sveadeddin, d'après un des compagnons de captivité du sultan, décrit ainsi cette tour : « Au-dessus des souterrains creusés dans le roc, étaient les cuisines; au premier, les logements des gardes; au deuxième, les serviteurs ottomans du sultan ; au troisième et au quatrième, les appartements de Djem; aux deux derniers étages, les chevaliers chargés de veiller sur lui et de le distraire dans sa solitude. »

XXIII.

L'horreur et le désespoir d'un tel séjour qui n'était plus même illuminé par les apparitions de la belle Philippine ou par ses lettres poussa Djem à tous les subterfuges de nature à préparer son évasion. Housseïn-Beg, un de ses confidents, parvint à franchir l'enceinte extérieure et à porter au prince de Bourbon les indices nécessaires à la délivrance de son maître. Djelal-Beg, un autre de ses vizirs, longtemps séparé de lui depuis les violences du château de Roussillon, et qui avait parcouru les cours d'Italie pour lui chercher des libérateurs, revint volontairement partager sa captivité. Il lui apporta des nouvelles du monde et des espérances. Le roi de France, le roi de Naples, le duc de Savoie, le roi de Hongrie et le pape négociaient de sa rançon avec l'ordre de Jérusalem. D'Aubusson leur donnait de fausses espérances; mais un tel gage était trop précieux dans ses mains pour ne pas le marchander à de hauts prix. Les chevaliers bénéficiaient également sous toutes les formes de la haine ou de l'amour qu'on portait à leur otage. Indépendamment des reliques, des présents, des quarante-cinq mille ducats d'or que le conseil des chevaliers recevait annuellement de Bajazet II pour les complaisantes rigueurs de l'Ordre, d'Aubusson, par une royale cupidité qui trompait jusqu'au cœur d'une mère et d'une épouse, « extorqua vingt-six mille ducats d'or de la mère et de la femme de Djem réfugiées au Caire, sous prétexte d'employer ces sommes à acheter la protection et la faveur des cours de l'Europe à l'objet de leur tendresse. On corrompit jusqu'au vizir dépositaire du sceau du prince, et on remplit d'assurances perfides de liberté de prétendues lettres que Djem était censé adresser ainsi sous ce sceau menteur à sa mère, à sa femme, à différents souverains de l'Occident. »

Le faux et l'escroquerie s'appelaient la politique du grand maître ; le héros du siége de Rhodes prêtait sa main sans scrupule à ces crimes d'État.

XXIV.

Pendant ces ignominies et ces sévices, d'Aubusson, pressé par les murmures des princes de la chrétienté qui réclamaient Djem comme un instrument de ruine contre Bajazet II, négociait cependant par pudeur la liberté de son prisonnier avec ces cours. Il espérait obtenir en échange, du pape, de nouveaux priviléges souverains pour l'Ordre, et la dignité de cardinal pour lui-même. Mais plus il irritait, par l'attente, les désirs de la cour de Rome, plus le prix de sa victime s'élevait à son bénéfice et aux bénéfices de ses chevaliers. Ce fut dans ces circonstances, qu'affectant un intérêt plus paternel pour Djem, il lui envoya de Rhodes à Bourgneuf Sinan-Beg et Ayas-Beg, deux partisans du prince, retenus jusque-là par le grand maître dans les cachots de Rhodes, et rendus à la liberté pour aller négocier auprès du sultan captif le pardon de sa captivité. L'Ordre, prêt à trafiquer de Djem pour en faire un prétendant contre Bajazet II, sentait la nécessité de se réconcilier enfin avec un prince qui pouvait remonter sur le trône de Constantinople, afin de n'avoir pas en lui un vengeur irréconciliable de ses perfidies.

Bajazet II, de son côté, informé de ces négociations entre l'Ordre et le roi de France, employa pour les faire échouer les moyens qui lui avaient réussi avec les chevaliers de Jérusalem. Il envoya à Charles VIII, par un ambassadeur, des coffrets de cèdre et d'or remplis de reliques vraies ou fausses que la conquête de Constantinople avait livrées au sérail de Mahomet II. Mais ces reliques, souvent apocryphes, baptisées des noms les plus saints par la superstition frauduleuse des Grecs, et dont le prix était inestimable pour les premiers Croisés, étaient tombées dans le discrédit et dans la dérision des cours politiques de l'Europe. Charles VIII ne voulut pas même donner audience à l'ambassadeur de Bajazet II, qui repartit avec ses reliques dédaignées pour l'Orient.

XXV.

Le roi, que le fidèle émissaire de Djem, Nassouh-Tchélébi, avait pénétré de compassion et de tendresse pour ce déplorable jouet de l'ambition égoïste de d'Aubusson, insista avec plus de force pour qu'il relâchât enfin son captif entre les mains du pape. Charles VIII suivait en cela non-seulement les inspirations généreuses de son cœur, mais les conseils de sa politique. Méditant une expédition en Italie contre le roi de Naples, il lui importait de caresser le pape en concourant à son désir de posséder le prince ottoman.

Pierre d'Aubusson n'osa résister plus longtemps aux désirs de deux cours aussi puissantes. Le scandale de la détention du prétendant ottoman criait dans toute l'Europe contre l'Ordre. Le contrat entre le pape et le grand maître était ratifié; les priviléges et les possessions accordés par la cour de Rome à l'ordre de Jérusalem compensaient au delà les quarante-cinq mille ducats payés par Bajazet II pour le prix de la captivité de son frère. Djem, conduit à Marseille, puis à Toulon, fut remis aux légats du pape, et Charles VIII lui donna une escorte d'honneur jusqu'à Rome de cinquante chevaliers. Par un traité secret avec le pape, le roi stipula que, dans le cas où la cour de Rome revendrait ce prince dont on trafiquait, à une autre puissance, la cour de Rome payerait à la France une amende de dix mille ducats d'or.

Pierre d'Aubusson, quoique soldat et non prêtre de l'Église, obtint dans le chapeau de pourpre de cardinal le prix de sa honte et de ses perfidies, récompense qui déshonorait à la fois en lui l'homme et la dignité.

XXVI.

Après sept ans de captivité, Djem sortit en souverain, suivi d'un pompeux cortége d'amis et de chevaliers français, de la tour qui lui avait servi de prison, et s'embarqua à Toulon avec sa suite sur deux galères de Rhodes. Le fils du pape Innocent VIII, Francesco Cibo, était allé l'attendre à Civita-Vecchia, pour faire une entrée triomphale à Rome. Le sultan de Brousse, monté sur un cheval richement caparaçonné, s'avançait revêtu de son costume et de ses armes orientales à côté du fils d'Innocent VIII, suivi des chevaliers de France et d'Auvergne, de ses amis, de ses vizirs, de ses begs, des ambassadeurs de toutes les cours chrétiennes, des cardinaux, des chambellans, des prélats, des princes, des officiers de la cour de Rome. Logé en souverain au Vatican, et présenté au pape par son fils, Djem, se souvenant qu'il était prince et musulman, témoigna sa reconnaissance à son hôte, mais refusa fièrement d'ôter son turban et de fléchir le genou devant le pontife d'un autre culte. Il s'avança avec une mâle dignité vers Innocent VIII, et lui baisa l'épaule selon l'usage des Turcs envers leurs égaux. Après cette réception publique, il entretint tête à tête le pape, dans une entrevue intime, de son histoire, de ses malheurs, de ses prisons, de sa séparation cruelle de sa femme, de sa mère, de ses enfants et de son désir d'aller promptement rejoindre en Égypte tout ce que l'exil lui avait laissé de cher ici-bas.

Son éloquence et sa douleur émurent jusqu'aux larmes Innocent VIII. Cependant, il représenta amicalement à Djem que son retour précipité en Égypte ruinerait à la fois sa fortune et les espérances que les princes chrétiens fondaient sur son élévation au trône des sultans. Il lui promit l'intervention du roi de Hongrie prêt à lui fournir une armée pour relever sa cause au delà du Danube; il lui insinua que sa conversion à la foi chrétienne, en ralliant la chrétienté entière derrière lui, lui assurerait à la fois le ciel et le trône. Djem, qui n'avait pas appris jusque-là à honorer dans la déloyauté des chrétiens les vertus de leur religion souillées par l'ambition des chevaliers de Rhodes, répondit au pape que la souveraineté du monde entier ne lui ferait pas abjurer la foi de ses pères, et que cette abjuration, s'il avait la faiblesse d'y consentir, justifierait sa déposition du trône et la condamnation à mort portée injustement contre lui par les légistes ottomans. Le pape changea de conversation, et combla le jeune prince de protection et de magnificence.

XXVII.

Djem vécut trois ans au Vatican dans un splendide exil, en attendant que la ligue des princes chrétiens le rappelât en Hongrie, pour enlever le trône des Ottomans à son frère. Un envoyé du soudan d'Égypte arrivé alors à Rome baisa la poussière des pieds du cheval de Djem, comme s'il eût salué le sultan des Turcs lui-même à Constantinople. Cet ambassadeur égyptien apportait à Djem des lettres de sa mère et de sa femme. Ces lettres lui révélèrent l'indigne subterfuge du grand maître d'Aubusson pour leur extorquer les vingt mille ducats arrachés par un faux à leur tendresse. Le pape s'indigna et fit restituer une partie de la somme par les chevaliers.

Mustafa-Pacha, négociateur habituel du sultan Bajazet II dans ses transactions épineuses avec les chrétiens, suivit de près l'arrivée de Djem à Rome. Il avait pour mission d'obtenir du pape la réclusion perpétuelle de son frère dans les États pontificaux, au prix de cinquante mille ducats d'or par an, payés par le trésor ottoman.

Les espérances de Bajazet II allaient au delà de la captivité ; le caractère d'Innocent VIII, souverain doux et bon, empêcha Mustafa de les insinuer à ce pontife. On crut apercevoir la main de Bajazet dans une tentative d'assassinat commise sur Djem et punie de mort par le pape. Un des complices du crime, Macrino del Castagno, confessa dans les tortures les suggestions et l'or du sultan.

XXVIII.

Mais à la mort d'Innocent VIII et à l'avénement de Borgia, connu sous le nom d'Alexandre VI, Bajazet II, affranchi de toute pudeur envers un pontife affranchi de tout scrupule, osa davantage.

Les agents grecs et italiens que Bajazet II entretenait en Europe pour l'instruire du caractère et des dispositions des princes chrétiens, et surtout du souverain pontife, moteur naturel de toutes les ligues contre l'islamisme, lui écrivirent la vénalité du conclave, la simonie du pontificat, le scandale de la chrétienté au nom de Borgia sorti de l'urne du conclave. Gentilhomme espagnol, neveu du pape Calixte III, vivant à Valence dans une union occulte avec une beauté célèbre, la fameuse Venozza, père d'une fille plus belle encore que sa mère, et de deux fils dont l'un devait assassiner l'autre par jalousie autant que par rivalité d'ambition, Borgia, appelé à Rome par son oncle et nommé cardinal, avait caché ses amours et affecté la piété comme candidature obligée au gouvernement de l'Église. Retiré dans l'ombre pendant le règne de trois ans qui avait succédé à celui de son oncle, Borgia avait appelé la mère de ses enfants à Rome sous des apparences irréprochables. Le mystère enveloppait ses désordres et ceux de sa famille. Une maison isolée sur les bords du Tibre, dans un quartier désert de Rome, couvrait ses scandales d'une hypocrisie d'abnégation et de vertu. Quelques cardinaux y avaient été trompés; les trésors hérités de son oncle et la corruption des promesses avaient acheté le reste. Il avait été élu pape sans oser croire lui-même à cet excès inespéré de fortune, d'audace et d'illusion faite à l'Église. La perversité était son génie. Le règne d'un des plus habiles scélérats qui aient jamais déshonoré le trône et la chaire avait commencé sous ces auspices; il allait continuer par le meurtre et finir par le poison.

XXIX.

Un tel pontife pouvait aussi bien vendre la tête d'un proscrit qu'il avait acheté l'Église. Bajazet II renvoya Mustafa-Pacha à Rome avec une lettre.

Cette lettre, que les archives du Vatican conservent, dit-on, copiée littéralement de la main du protonotaire apostolique, était conçue en ces termes :

« Le sultan Bajazet II, fils du sultan Mahomet, au pape Alexandre, pontife de l'Église de Rome.

« Votre légat m'a rapporté que le roi de France à le dessein de réclamer mon frère Djem qui est entre vos mains. Ce désir de sa part est aussi contraire à mes intérêts que nuisible aux vôtres et à ceux de toute la chrétienté.

« Je pense, et votre légat pense comme moi, qu'il y va de votre tranquillité, de l'accroissement même de votre puissance comme de ma satisfaction, que mon frère que vous avez entre les mains, et qui doit mourir un jour, soit amené là sans délai; sa mort, devenant l'événement le plus agréable pour moi, deviendra le plus utile pour vous. Qu'il vous plaise donc le plus tôt possible d'aider Djem d'être délivré des misères de cette vie; que son âme, par vos soins, soit transportée dans un autre séjour où elle jouira d'un repos bien plus assuré. Si vous remplissez mon vœu, si vous m'envoyez son corps dans tel lieu au-delà de la mer qu'il vous plaira d'indiquer, je vous ferai tenir d'avance, et dans un délai convenu, la somme de trois cent mille ducats d'or, avec lesquels vous pourrez acheter des domaines à vos enfants. Je promets en outre, tant que je vivrai, d'entretenir vos soins avec bonne et solide amitié, et de ne vous rien refuser de ce que vous pourrez désirer de moi. Je promets qu'il ne sera fait nul tort à aucun chrétien de quelque condition ou qualité qu'il soit, sur terre et sur mer, soit par moi, soit par quelqu'un de mes sujets, à moins de provocation. Et pour que vous ne formiez aucun doute sur mes promesses, je jure de remplir les conditions que je propose, au nom du vrai Dieu qui créa le ciel et la terre et tout ce qu'ils renferment, ce Dieu que nous croyons et que nous adorons vous et moi. »

XXX.

Borgia comprit à de pareilles insinuations le prix de l'otage qu'Innocent VIII avait laissé dans ses mains. Avec l'astuce qui caractérisait alors la politique romaine de sa maison, politique dont son fils César Borgia accomplissait les crimes, pendant que l'historien Machiavel en écrivait la théorie, le pape ne fit ni trop espérer ni trop désespérer Bajazet II. Pour la première fois, le souverain pontife, vicaire du Christ à Rome, envoya un ambassadeur au souverain, vicaire de Mahomet. Cet ambassadeur d'Alexandre VI à Constantinople était Georges Bocciardo, grand maître des cérémonies des papes. Les annalistes contemporains ottomans et italiens racontent que Bocciardo offrit à Bajazet II ou l'emprisonnement perpétuel de Djem au prix de quarante-cinq mille ducats d'or par an payés par le sultan au pape pendant la vie du prince, ou la mort immédiate de Djem au prix de trois cent mille ducats d'or payés contre remise de son cadavre. Malgré l'autorité de Sveadeddin, de Guichardin et de Sismondi, l'histoire impartiale doit révoquer en doute la convention du meurtre pour trois cent mille ducats. Les événements subséquents et la vie même de Djem la démentent. Bajazet II, comme on le voit par sa lettre, n'avait pas marchandé la sécurité de son immense empire contre une parcimonie de quelques milliers de ducats. Mais entre de tels criminels le sang pèse plus que l'or. Le traité fut conclu aux conditions de quarante-cinq mille ducats d'or que le sultan promit de payer à Alexandre par chaque année de la vie de son frère, que le pape de son côté s'engageait à retenir dans une éternelle captivité.

La chevalerie de Rhodes et le gouvernement de l'Église de Rome trafiquèrent avec une honteuse émulation de leurs complaisances intéressées pour le maître de l'empire ottoman. Bajazet II fut si satisfait de ces complaisances soldées d'Alexandre VI, qu'il se crut en droit de solliciter du pape le chapeau de cardinal pour l'ambassadeur romain Bocciardo, négociateur de ce traité entre les deux cours.

Dans la crainte que Djem ne s'évadât de Rome pour aller inquiéter son frère sur les frontières de Hongrie, le pape le fit enfermer au château Saint-Ange, à Rome, tombeau de l'empereur Adrien, devenu le Capitole, la citadelle, le palais et la prison des papes de la Rome moderne. Il y languit deux ans dans une captivité tantôt splendide, tantôt sordide, selon que les Borgia, le pape et ses deux fils, avaient intérêt à décorer ou à dégrader leur otage.

XXXI.

Charles VIII s'avançait avec une armée française vers Rome contre le roi de Naples, allié des Borgia. Le pape était incertain si le jeune conquérant français respecterait en lui le pontife suprême de la chrétienté, ou s'il venait réprimer ses ambitions et châtier ses crimes. Dans le doute, il s'enferma avec son fils César Borgia et ses troupes dans le château Saint-Ange, prison de Djem, pour laisser passer le torrent français.

Des négociations s'ouvrirent. Charles VIII exigea que César Borgia, fils et général du pape, changeât de cause, et s'unît aux Français contre le roi de Naples. La politique ne lui fit pas oublier la générosité ; il exigea, de plus, que le sultan Djem, prisonnier du pape au château Saint-Ange, lui fût remis pour être traité en souverain et non en captif de sa cour. L'entrevue qui eut lieu pour cette délivrance du prisonnier au château Saint-Ange entre Charles VIII, le pape et le prince ottoman, atteste la noble fierté

que le fils de Mahomet II gardait dans ses fers.
« Prince, lui dit le pape en le présentant devant le jeune roi, est-il vrai que vous désiriez suivre le roi de France, qui demande à vous conduire à Naples avec lui? — Si je ne suis pas traité en prince, répondit Djem avec le découragement de sa dignité méconnue, il importe peu que je subisse ici ou ailleurs la captivité qui avilit.en moi le rang suprême, et qui avilit en vous la loyauté des chrétiens.

— A Dieu ne plaise, se hâta de répliquer le pape, honteux de paraître le geôlier d'un hôte libre, que je vous considère comme prisonnier ici; le roi de France et vous, vous êtes tous deux de grands souverains, et je ne suis en ce moment que votre interprète. »

Charles VIII releva le cœur du sultan par des paroles royales, plaignit ses revers, accusa ses persécuteurs, l'arracha du tombeau d'Adrien, le traita en souverain, et le confia pendant la campagne de Naples au grand maréchal de sa cour, pour lui rendre les services et les honneurs d'une magnifique hospitalité.

Djem sortit le lendemain de Rome à cheval à la suite du roi et de César Borgia. Il assista à la courte campagne des Français dans le royaume de Naples, s'arrêta cinq jours à Vellétri, quelques jours à Terracine. L'exil, la prison, l'amour, la douleur, la joie inespérée de sa délivrance avaient usé sa vie; la mort l'attendait au seuil de ses cachots. Saisi par la fièvre à Terracine, une galère le transporta mourant à Naples par les soins de son ami le roi de France.

Les écrivains ottomans, français et italiens de cette époque, où les forfaits étaient si communs en Italie que toute mort était imputée à meurtre et à crime, s'accordent pour rejeter la maladie et la mort de Djem sur Alexandre VI et sur César Borgia, son fils. Ils ne peignent jamais ces deux princes que le poignard ou le poison à la main. Ils affirment que le lendemain de la délivrance forcée de Djem par le pape, son grand maître des cérémonies, Bocciardo, et Mustafa-Pacha, ambassadeur de Bajazet II, arrivèrent de Constantinople à Sinigaglia porteurs de quatre-vingt-dix mille ducats d'or, tribut arriéré de deux ans, que Bajazet II envoyait au pape pour payer la détention de son frère; que Jean de La Rovère, cardinal gouverneur de Sinigaglia, ennemi des Borgia, s'empara des ambassadeurs et du tribut; que le pape, frustré des quatre-vingt-dix mille ducats dont il avait un pressant besoin dans sa détresse à Rome, se décida à mériter les trois cent mille ducats d'or qui lui avaient été promis pour le meurtre, et qu'il fit empoisonner à Terracine le sultan Djem déjà dans la main du roi de France, se réservant de réclamer de Bajazet II le prix du service tardif ainsi rendu après coup à l'empire ottoman.

D'autres historiens aussi mal informés, confondant les noms, les hommes, les dates, forgent le conte d'un barbier de Bajazet II, nommé Mustafa, qui, à l'instigation de Bajazet II et avec la complicité du pape, serait entré à Naples dans la domesticité ottomane de Djem, et lui aurait donné la mort en le rasant à l'aide d'une lame de rasoir empoisonnée.

Ces deux fables sont aussi démenties l'une que l'autre par les faits et par la saine critique. Ce prétendu barbier Mustafa n'était autre que Mustafa-Pacha, un des négociateurs les plus illustres et les plus considérés des cours de Mahomet II et de Bajazet II, homme employé par ces sultans aux affaires d'État et non aux abjectes trahisons domestiques. Quant à l'empoisonnement prétendu par le pape, les dates et le bon sens le relèguent également dans la catégorie des forfaits chimériques, puisqu'il serait un crime gratuit. On a vu qu'Alexandre VI avait refusé, trois ans avant, de mériter la reconnaissance de Bajazet II et trois cent mille ducats d'or par le meurtre de son prisonnier, pendant qu'il pouvait disposer seul et utilement de sa victime dans l'ombre ou par le fer ou par le poison, et pendant que ce service rendu à Bajazet II ne pouvait être récompensé que dans sa main. Djem cependant avait vécu. De plus, pendant que Charles VIII s'approchait lentement de Rome escorté par la terreur dans le Milanais, dans la Toscane, dans l'État romain, le pape, à qui le roi venait arracher son prisonnier, pouvait se hâter de s'en défaire, et d'envoyer contre le prix du sang le cadavre de son frère à Bajazet II ; Djem cependant avait continué à vivre, et avait été remis vivant à Charles VIII. Par quelle démence le pape aurait-il attendu, pour frapper définitivement sa victime, que cette victime fût dans les mains d'un autre souverain ? Et à quel titre le pape aurait-il demandé à Bajazet II les trois cent mille ducats, prix du crime, quand il ne pouvait plus même avoir aux yeux de Bajazet II ni l'honneur, ni la reconnaissance du meurtre ? Toutes ces suppositions révoltent le bon sens. Le crime dans les Borgia est quelquefois atroce, mais il n'est jamais stupide. Sans doute ce pontificat pervers n'est pas avare de forfaits ; mais Alexandre VI ne fit pas empoisonner Djem. Djem mourait de la mort des princes déchus, de la proscription, ce poison de l'âme. L'histoire doit la vérité même aux scélérats.

XXXII.

Djem expira à Naples dans la nuit du 24 février 1495, entouré des fidèles compagnons d'exil et du roi de France qui déplorait la fin prématurée de ce prince. Djem lui devait la liberté, et pouvait, s'il eût vécu, lui devoir un empire. Malgré de vaines rumeurs populaires répandues en Italie sur sa prétendue abjuration de la loi du prophète, il mourut en fidèle et même en martyr de sa religion. « O mon Dieu, s'écria-t-il peu d'instants avant son dernier soupir, si les ennemis de la foi veulent se servir de moi pour des desseins funestes aux confesseurs de l'islamisme, retire plutôt à l'instant mon âme à toi! »

Ces dernières paroles, retenues par les témoins de son agonie, démentent assez son abjuration de la foi de ses pères; il la préférait à l'ambition et à la vie.

Charles VIII le pleura; il fit embaumer son corps et déposer son cercueil en plomb et en cyprès à Gaëte, sous la garde de ses deux vizirs favoris, Ayas-Beg et Djelal-Beg. Sinan-Beg, à qui la mort de son ami rendait la liberté de ses sentiments et la patrie, alla à Constantinople annoncer à Bajazet II la mort de son frère. Bajazet II, solidement affermi alors sur son trône, déplora le sort d'un frère qu'il aurait aimé, s'il n'avait pas eu à le craindre. Il envoya à Naples une ambassade et un cortége de deuil pour recevoir le cercueil de Djem et pour le transporter d'abord à Gallipoli, puis à Brousse, au tombeau commun de ses pères, où finissent toutes les rivalités.

Charles VIII recueillit pieusement les trésors, les pierreries, les armes, les vêtements, qui formaient la succession du prince exilé. Il chargea Nassouh-Beg, vizir de Djem, de les conduire sur un de ses vaisseaux en Égypte et de les remettre à sa mère et à sa veuve.

XXXIII.

Telle fut la fin du fils de Mahomet II, le conquérant de Constantinople. Rival de son frère, jouet des chevaliers de Rhodes, client des chrétiens, prisonnier d'un pape, protégé d'un roi de France, victime de sa destinée, il a laissé en Europe et en Asie une mémoire romanesque et poétique perpétuée, chez les Ottomans comme chez les chrétiens, par ses aventures, ses amours, ses exploits, ses malheurs et ses poésies. C'est le Charles-Édouard plus accompli des Stuarts d'Angleterre transporté dans la patrie et dans la maison d'Othman. L'histoire, le roman, le poëme se sont disputé son nom ; mais il a été à lui-même son propre historien, et les Turcs, qui récitent encore aujourd'hui ses chants, le comptent au nombre des poëtes les plus colorés, les plus amoureux et les plus héroïques de leur langue. On visite avec une pieuse compassion sa tombe sous les platanes de la mosquée de Brousse. « *Fleur coupée de la tige de*

Mahomet II sur le tombeau du conquérant ; » comme il avait dit de lui-même dans deux de ses vers. Il n'a pas eu l'empire de Bajazet II, mais il a eu l'empire de l'imagination sur les Ottomans.

FIN.

TABLE.

	Pages.
Mahomet.	1
Timour.	171
Djem ou Zizim.	303

PARIS. — J. CLAYE, IMPRIMEUR, 7, RUE SAINT-BENOIT.

www.ingramcontent.com/pod-product-compliance
Lightning Source LLC
Chambersburg PA
CBHW052038230426
43671CB00011B/1703